AF343604

Paris, imp. Baliteut, Questroy et C°, 3, rue Neuve-des-Bons-Enfants.

UNE

CHASSE AU TIGRE

EN BIRMANIE

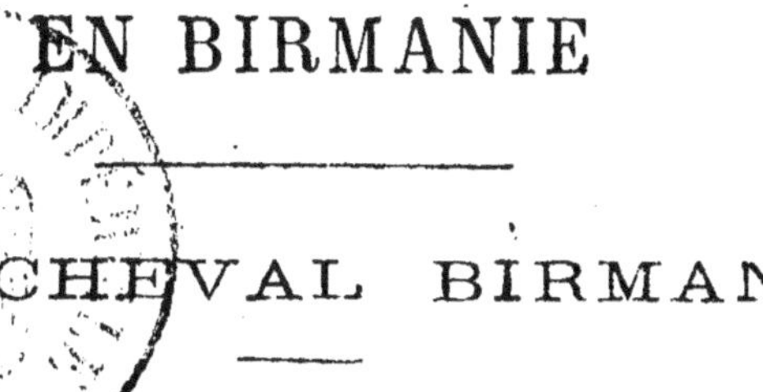

LE CHEVAL BIRMAN

LA CHASSE AUX FLAMBEAUX

PAR

A. THOMAS-ANQUETIL

PARIS

CHEZ TOUS LES LIBRAIRES

1866

AVANT-PROPOS

L'ivoire, les peaux et les fourrures forment
un objet de commerce important.

Il part de temps à autre des expéditions
pour la chasse aux animaux féroces. Ces expéditions ne sont pas toujours organisées
comme elles devraient l'être. Le gouvernement n'y intervient en aucune façon. Il crain-
drait, sans doute, d'entraver des opérations
qui sont utiles au pays, soit par les résultats
immédiats qu'elles obtiennent, soit parce
qu'elles entretiennent parmi nous un esprit d'aventure propre à développer les tendances industrielles et commerciales. Mais on
se demande s'il n'y aurait pas lieu de pré-
munir officieusement et d'une manière pa-

ternelle, les pauvres hères qui se laissent conduire inconsidérément à la boucherie.....

Ces réflexions me sont suggérées par un article du *Petit Journal* (n° du 4 septembre courant), intitulé : VARIÉTÉS ; — FLORIAN MUCH, LE CHASSEUR... L'article en question, emprunté au *Journal de Nice*, est signé : COMTE R. DU BISSON. Or il contient, ce me semble, des hérésies de chasse et des anomalies d'histoire naturelle que je m'empresse de signaler au public.

Que le *Journal de Nice* admette sans contrôle un *fait divers* provenant d'un collaborateur aussi distingué que l'est M. le comte du Bisson : cela se conçoit.

Que le *Petit Journal*, un des heureux de la presse, accepte ou reproduise, sans nul commentaire, une narration qui pêche à la fois et par le fond et par les accessoires : c'est léger, fort léger !... Une feuille périodique tirée à 215,360 exemplaires devrait avoir pour rédacteurs des hommes spéciaux, chacun dans sa partie. Cependant il n'est pas de chasseur un peu pratique qui n'ait souri en lisant l'article du *Petit Journal*...

Les colonies françaises prennent du développement et de l'animation. La chasse aux bêtes féroces se propage insensiblement : elle devient une spéculation. Il y a donc plus que de la maladresse, il y a du danger à publier des incidents, sinon erronés ou falsifiés à plaisir, du moins présentés sous un jour qui fait douter de la véracité des Arabes soi-disant témoins oculaires, et qui est susceptible d'égarer l'opinion sur les vrais principes de la chasse aux bêtes féroces.

Nous regretterions que le lecteur s'y méprît... La bonne foi du narrateur n'est nullement en jeu. M. le comte du Bisson a entrepris des voyages lointains et périlleux, au prix de mille fatigues, de mille traverses et de dépenses considérables, soit dans le but de faire progresser la science, soit pour ouvrir au commerce et à l'industrie de nouveaux débouchés... A ce titre, il a des droits, et à notre considération, et à notre sympathie personnelles. Toutefois nous ne saurions nous dispenser de relever carrément les fautes commises à propos de la mort de l'infortuné Florian Much.

Celui qui organise des chasses aux animaux féroces assume sur lui une grave responsabilité. Il établit entre lui et ses gens une solidarité réciproque. Il contracte des devoirs envers eux, de même que ceux-ci ont des obligations à remplir envers lui. Par cela seul qu'il est en droit de mettre leur adresse, leur courage et leur dévouement à l'épreuve, il leur doit, à son tour, le fruit de son expérience ainsi que le concours d'une surveillance active, incessante, éclairée, en tout ce qui concerne l'entreprise... Eh bien! M. le comte du Bisson, en nommant Florian Much sous-directeur de ses chasses, a-t-il bien fait choix d'un chasseur expérimenté? devait-il lui permettre de se rendre à la chasse à l'éléphant, — dans des parages infestés par les lions, — en compagnie de serviteurs dont il n'était pas sûr?..

Remarquez-le bien : je ne nie pas l'intrépidité ou l'adresse de Florian Much, comme tireur; je conteste son habileté comme chasseur... Voici les faits sur lesquels j'appuie mon raisonnement :

Un chasseur, principalement un *sous-directeur de chasses*, doit se montrer très-sévère dans le choix de ses compagnons, alors qu'il s'agit de la chasse aux animaux féroces. Il vaut mieux entrer seul en chasse que de se faire suivre d'individus capables de s'enfuir à l'heure du danger, c'est-à-dire au moment où on devrait pouvoir compter sur eux... Florian Much avait avec lui deux Arabes qui l'ont abandonné lâchement; il n'était pas sûr de ses hommes : — PREMIÈRE FAUTE.

D'après l'indication de ses Arabes, Florian Much se porte sur le terrain où vient d'avoir lieu un combat entre deux lions au sujet d'une lionne. L'un des deux lions a succombé. L'autre a la cuisse cassée; il est encore en état de faire des soubresauts, des mouvements convulsifs, mais il ne peut se traîner. La femelle — c'est-à-dire l'animal que l'on doit spécialement chercher à exterminer, — se tient aux aguets à quelque distance... A laquelle des deux bêtes survivantes aurait-on dû s'attaquer en principe? Était-ce au lion blessé? Eh! non; puisqu'on avait le temps de le tuer, en s'y prenant prudemment... Florian Much ne s'est pas attaqué à la lionne qui pouvait survenir à l'improviste, ainsi qu'elle en a eu un moment l'intention : — DEUXIÈME FAUTE.

Un tireur ajuste mieux à 20 mètres qu'à

6 mètres, avec une carabine de précision. La force de pénétration du projectile est plus considérable à 20 mètres qu'à 6 mètres. Le lion blessé fait parfois des bonds prodigieux... Florian Much se plaça à 6 mètres pour tirer: — TROISIÈME FAUTE.

Florian Much, après avoir lâché ses **deux** coups de carabine, arrache le fusil des mains de l'un des Arabes, s'approche encore du lion, fait feu, et ce n'est que lorsque l'animal, sur le point d'expirer, le saisit de ses griffes aiguës, qu'il demande ses pistolets à l'Arabe. Il devait les avoir à la ceinture : — QUATRIÈME FAUTE.

Florian Much, avant de tirer, appuie « le « bout du canon sur le front de l'animal « mourant, le coup part... Affreuse négli- « gence ! la balle était ronde... elle contourne « le crâne et ne le brise pas... » Ah ! ce n'est pas : « affreuse négligence! » mais bien : *affreuse ignorance!* qu'il aurait fallu dire... Nous abrégeons : le lion se redresse et, avant de rendre le dernier souffle, il broie, il déchire le chasseur... Que de NOUVELLES FAUTES ce paragraphe ne nous révèle-t-il pas !

Quoi ! un sous-directeur des chasses s'approche du lion au point d'être appréhendé par lui... Quoi ! il pose le bout de son canon à une place où les touffes de poils qui forment et la naissance et le couronnement de la crinière peuvent boucher hermétiquement l'orifice du canon... Quoi ! il ne sait pas que des malheureux n'ont pu réussir, parfois, à se faire sauter la cervelle ou à se traverser le cœur, parce qu'ils ont appuyé trop fortement le bout du canon de leur arme, soit sur le front, soit sur leur poitrine... Quoi ! il ignorait que, lorsque l'orifice du canon est bouché, les gaz engendrés par la combustion de la poudre réagissent en tous sens contre les parois du tube, au point de le faire éclater, et que le projectile, fût-il oblong ou cylindro-conique, perd notablement de sa force d'impulsion... Mais s'il ignore tout cela, pourquoi chasse-t-il la bête féroce, et comment le nomme-t-on *sous-directeur des chasses !*...

Passons à un autre ordre d'idées, et examinons de quelle manière l'histoire naturelle est traitée dans ce malencontreux article.

Les lions ne sont nulle part assez communs pour qu'ils se réunissent au nombre de trois sans que les habitants, ou même les chasseurs installés dans le voisinage, ne soient avertis de leur présence par quelque indice particulier... En pareille circonstance, le comte du Bisson devait-il autoriser son sous-directeur des chasses à se porter vers les parages infestés, seulement avec deux poltrons pour toute escorte?... Non !...

La jalousie ne tourne à la fureur chez les animaux féroces qu'à l'époque du rut. Le phénomène appelé vulgairement *chaleur* se manifeste d'abord chez la femelle. Les émanations subtiles et odorantes de celle-ci contribuent à déterminer bientôt l'ardeur du mâle. En cet état, la nature parle plus impérieusement chez la femelle que chez le mâle. Son caractère s'en ressent : elle ne mange pas; elle pousse des rugissements caverneux; elle devient morose, taciturne, inquiète, irritable; elle donne des coups de griffes; elle fait des morsures; ses provocations ont un caractère terrible; elle est excessivement redoutable...Qu'il survienne alors un autre mâle assez téméraire pour vouloir troubler ses amours, elle se jettera sur lui sans attendre que son compagnon lui en ait donné l'exemple... Dans tous les cas, elle prend parti pour ce dernier.

Et M. le comte du Bisson, sur le rapport de deux misérables qui avaient intérêt à grossir le danger, afin de mieux couvrir leur lâcheté, nous dit que la lionne, après avoir assisté de loin à la lutte des deux lions, est restée simple spectatrice du combat entre l'animal et l'homme..... En vérité ! on est obligé, si on veut y ajouter foi, de se rappeler ce vers du poète :

Le vrai peut, quelquefois, n'être pas vraisemblable.

En définitive, attendu que la narration de M. le comte du Bisson, offerte sans commentaire par le *Journal de Nice* et par le *Petit Journal,* constitue, selon nous, une publication dangereuse, n'incombe-t-il pas à nos confrères de la presse d'en atténuer l'effet en faisant passer nos observations sous les yeux de leurs lecteurs?....

Paris, le 14 septembre 1865.

—————

Les lignes qui précèdent furent publiées

dans le journal l'*Illustration militaire*, numéro du 16 septembre 1865. M. le comte du Bisson répondit par une lettre insérée au numéro du 26. Je donne cette indication afin que les personnes que le débat intéresse puissent se procurer la susdite lettre. Voici celle que j'adressai en réponse au directeur de l'*Illustration militaire* :

« Paris, le 26 septembre 1865.

« Monsieur,

« En vous adressant ma lettre du 14 septembre courant, j'obéissais à un mobile avouable : le désir d'être utile... On veut que j'aie sonné une *éclatante fanfare ;* soit ! L'âge, l'expérience des hommes, la connaissance des choses, le sentiment de ma propre dignité, me rendent complètement indifférent à une appréciation de cette nature. En tout cas, mon *factum* a valu à vos lecteurs, — ce dont je suis charmé, — quelques pages imagées, brûlantes, écrites avec entraînement par M. du Bisson ; à l'infortuné Florian Much, un éloquent panégyrique; et le comte du Bisson, lui-même, a été conduit à fournir les commentaires dont l'absence se faisait vivement sentir dans l'article que j'ai discuté.

« M. le comte du Bisson nous a présenté des particularités fort intéressantes concernant ses chasses en Abyssinie. Il a saisi avec infiniment d'à-propos l'occasion de mettre en lumière ses pérégrinations. Seulement je regrette, pour lui comme pour moi, qu'il vous ait écrit sa lettre si précipitamment, et pour ainsi dire *ab irrato*. Ses observations, un peu plus modérées dans la forme, un peu plus exactes quant au fond, auraient eu plus de justesse; par cela même, elles eussent acquis plus de poids à mes yeux, et j'en aurais mieux fait mon profit. Les traits d'esprit ou d'ironie s'émoussent contre moi; la raison seule me touche.

« Le chasseur qui livre sa prose au public doit s'attendre à voir discuter ses exploits ou ceux de la personne qu'il met en scène. J'ai usé de mon droit de critique; mais, je connais trop bien les règles de cette sorte de polémique pour m'écarter des formes loyales et courtoises. S'il arrivait que le récit de mes chasses — je les raconte telles qu'elles se sont passées et non telles qu'elles auraient dû être; — provoquât des contradictions, loin de me croire blessé dans mon amour-propre, je remercierais celui qui m'aurait mis à même de réparer une erreur ou une omission.

« Il me serait impossible, de suivre le comte du Bisson sur le terrain où son argumentation tend à m'amener, — c'est-à-dire discuter chaque paragraphe de sa lettre, — sans tomber dans des longueurs fastidieuses pour vos abonnés. Je serai bref.

« Florian Much avait donné tant de preuves d'intrépidité, de prudence et d'habileté, à ce qu'il paraîtrait, que son chef pouvait absolument s'en reposer sur lui. Et puis on ne fait pas toujours ce qu'on voudrait faire; les événements détruisent parfois les calculs les mieux établis; enfin la pratique peut se trouver en désaccord avec la théorie. A ce compte-là, M. le comte du Bisson serait parfaitement disculpé. Il n'aurait plus commis de faute. Sa sollicitude, sa surveillance n'ont pas été mises en défaut. Pour peu que cela lui fasse plaisir, je me rétracte. Ainsi la fin tragique de la victime est imputable au destin contraire, ou bien au plus extraordinaire des hasards, à la plus affreuse des négligences... Que voulez-vous ! je crois à la série...

« Florian Much était un brave, un noble cœur, un excellent compagnon. Sa mort doit inspirer d'autant plus de regrets que les gens de sa trempe sont moins communs, par le temps qui court. Je m'associe donc à la douleur légitime de M. le comte du Bisson... Cependant, sur mon âme et conscience ! je ne saurais m'empêcher de dire que Much n'ait commis, en cette circonstance, des fautes déplorables et dont il a été cruellement puni... Quoi ! il s'apprête à déjeuner; ses pistolets sont à côté de lui; on lui annonce l'ennemi: il se dresse, il saisit sa carabine, il court, il vole à la rencontre du lion, et il laisse ses pistolets sur l'herbe !... Ah ! « *Quos vult perdere, Deus dementat !...* — *Dieu frappe d'aveuglement ceux qu'il veut perdre !...* » La seule explication possible d'une pareille imprudence est celle-ci : la dernière heure de ce malheureux était venue !...

« Je ne reprendrai pas mes arguments les uns après les autres : ce serait éterniser le débat. A quoi bon? mais je suis attaqué à

2.

mon tour, et je me défendrai sans avoir re-
cours aux banalités.

« M. le comte du Bisson m'a fait dire des
choses plaisantes. S'il avait pris la peine d'attendre l'exposé des règles et des principes
que je pose, il ne m'eût pas prêté un sembla-
ble langage... Mon travail était remis et com-
posé depuis longtemps. Or, vos abonnés ont
pu se convaincre, par la lecture du numéro
dans lequel précisément la lettre de M. du
Bisson a été insérée, que je prescris de ne jamais tourner le dos aux bêtes féroces; il faut
les attendre de pied ferme ou bien les attaquer soi-même. Toutefois, le courage doit
être subordonné à l'adresse; l'adresse, à la
prudence. Si Florian Much se fût conformé
à ces prescriptions, il n'eût pas péri miséra-
blement...

« J'ai dit que le lion auquel Florian Much
allait s'attaquer *ne pouvait plus se traîner*. Le
mot ne se trouve pas dans l'original, j'en con-
viens; mais, plutôt que de citer un paragraphe en entier, j'ai préféré employer l'expression qui m'a paru la plus propre à dépeindre
la situation... Le lion avait déjà exterminé
un adversaire colossal, ce qui n'avait pu

avoir lieu sans qu'il n'eût reçu quelque atteinte grave ; en outre, un des Arabes venait de lui casser la cuisse d'un coup de feu ; enfin, malgré la surexcitation furieuse causée par la jalousie, par la lutte, par sa dernière blessure, il laisse trois hommes l'approcher, — dont l'un jusqu'à six mètres ! — sans s'élancer sur eux... Il fallait donc que son état fût désespéré ! Voilà ce que j'avais compris, voilà ce que le sens de l'article semblait indiquer, voilà ce qu'il m'indique encore en le relisant attentivement, voilà le point que les commentaires de M. du Bisson ont éclairci, mais un peu trop tard...

« Je n'ai pas dit que les lions ne se réunissaient jamais en nombre supérieur à celui de trois. J'ai dit, et je soutiens, qu'en cette occurence un praticien habile est prévenu de leur présence, soit par les ravages qu'ils commettent parmi les troupeaux, soit par l'effroi qu'ils causent aux autres animaux, soit par les rugissements qui troublent les solitudes et retentissent à travers les forêts. En conséquence, le chasseur est mis en demeure de se tenir sur ses gardes...

« Le canon de Florian Much n'était pas bouché assez hermétiquement pour crever ; cependant il l'était assez pour que le projectile perdît une partie notable de sa force de pénétration... ·

« Quittons ce lamentable chapitre ; et, puisqu'on me contraint de parler, passons à ce qui m'est personnel... Ici, je le confesse, mon embarras est grand ; j'éprouve une émotion extrême...

« On ne m'imposera pas plus l'autorité de Jules Gérard que celle de Delgorgue, de Bonbonnel ou de tout autre chasseur fameux. Je ne suis pas allé en Abyssinie, il est vrai ; mais j'ai chassé le lion et la hyène, il y a près de trente ans, c'est-à-dire avant ces Messieurs, et je crois avoir étudié le sujet aussi bien qu'eux... Dès la fin de 1836 : sur les derniers chainons de la Kabylie, près de Bône, de Dréan, de Ghuelma, de Nesch-Méya, d'Ammam-Brédah et de Mdjez-Ammar ; de 1841 à 1843, et en 1847 : aux sources du Sig, aux environs de Thiaret, sur le groupe de montagnes qui surgissent entre Tlemcen et Mascara... Plus récemment, j'ai chassé la plupart des bêtes féroces, des animaux nuisibles, des reptiles venimeux, dangereux ou curieux à étudier : en Égypte, sur les rivages du Yémen, à Ceylan, au Bengale, aux frontières du Népaul, du Boutan, de l'Assam, du Tippérari, du Munipoori, du Cambodge, de la presqu'île malaise, du Laos et de la Chine, dans l'Aracan, le Pégu, la Birmanie... Les ouvrages que je prépare en feront foi...

« En dernière analyse : j'ai organisé, ici même, à Paris, au commencement de 1858, une expédition lointaine. Sur des données trompeuses, sur des rapports fallacieux, sur des promesses perfides, j'ai compromis le sort et l'existence d'une foule de gens, comme moi trop crédules ; aussi m'estimerais-je heureux que mon exemple, mes imprudences, mes fautes, mes malheurs et mes avis servissent à ceux qui seraient tentés de s'embarquer inconsidérément dans des entreprises dont ils ne prévoient ni les conséquences ni les dangers... Enfin je voudrais que le gouvernement eût l'idée d'attacher au ministère de l'intérieur ou bien à celui des affaires étrangères, un bureau chargé de fournir aux émigrants et aux aventuriers, les renseignements dont ils pourraient avoir besoin. Or je ne me mets pas sur les rangs pour le nouvel emploi.

« Si cette lettre, écrite sans nul apprêt littéraire, sans aucune arrière-pensée, me gagne les sympathies de M. le comte du Bisson, je n'aurais certes perdu ni mon temps ni ma peine. S'il en était autrement, je tâcherais de m'en consoler en me remémorant cet adage : *Fais ce que dois, advienne que pourra!*... Les ennuis, je les brave!... Il n'est, au monde, aucune crainte, aucune considération qui soient capables de m'arrêter dans l'accomplissement d'un devoir, alors que ce devoir est devenu, pour moi, une réparation à remplir envers la société...

« Daignez agréer, mon cher Directeur, etc. »

Le lendemain du jour où cette lettre était publiée, M. le comte du Bisson, en parfait gentilhomme, est venu me tendre la main. Je m'en félicite, je l'en remercie, et je fais sincèrement appel à son expérience, à ses conseils, à sa critique même, s'il m'échappait quelque erreur cynégétique.

THOMAS-ANQUETIL.

UNE CHASSE AU TIGRE

EN BIRMANIE

UNE CHASSE AU TIGRE

EN BIRMANIE

I

SINGULIÈRE MANIÈRE DE GUÉRIR LA MORSURE DES SERPENTS VENIMEUX.

. . . .

Notre flottille remontait l'Irraouady. Elle se composait de plusieurs barques et de sept bateaux de transport dont, naturellement, nous occupions, ma femme, mes domestiques et moi, le plus beau, le plus vaste, le plus commode.

Nous demeurâmes six jours à Paghan-Myôo.

Cette ville était la capitale de l'empire birman lors de l'invasion mongolo-chinoise, vers la fin du treizième siècle. Elle a été complètement détruite par des éruptions volcaniques.

Je consacrai les quatre premiers jours à recevoir les visites dont les chefs des environs voulurent bien m'honorer à bord de mon bateau, ou bien à parcourir les ruines de la cité anéantie... Le patron, — espèce de capitaine marinier, à moitié pourvoyeur, à moitié diplomate, — auquel était dévolu le commandement de ma flottille, trouvait toujours, conformément aux ordres secrets qu'il avait reçus, quelque nouveau prétexte à alléguer pour faire traîner le voyage en longueur. Tantôt c'était un mât brisé, tantôt une vergue rompue, ou bien une voile déchirée, ou bien encore des provisions de bouche à acheter pour ses quatre-vingt-dix hommes d'équipage... A moins d'en venir à des voies de fait envers lui, ce qui m'e répugnait, il ne m'eût servi à rien de me fâcher : nous ne serions point partis plus vite. Donc, je m'armai de patience.

Le cinquième jour de cette station forcée, l'ennui me gagna. Je sortis de mon bateau avec l'intention de me distraire en tuant des tourterelles. J'avais pris mon fusil à culasse mobile, — un *Schneider*, — et Joseph, mon nègre, qui me servait aussi d'interprète, me suivait en portant un autre fusil double.

Je m'avançai dans la plaine au milieu des vertiges épars, et je m'engageai à travers des enceintes boisées dont l'une dépendait d'un établissement religieux, tandis que l'autre était une sorte d'institution scolastique fréquentée par les jeunes gens des localités voisines... La plupart de ces pauvres diables avaient au moins deux lieues à faire pour aller réciter leurs leçons, et autant pour s'en retourner chez eux...

Les tourterelles couvraient les arbres du sentier; néanmoins je me gardai bien de tirer à cause de la proximité de ces demeures vénérées. Mais Joseph, espèce d'enfant terrible, profita du moment où il était un peu en arrière pour décharger son arme sur un couple à sa portée. Aussitôt une nuée d'écoliers, écolâtres et *pôonguis* en tête (1), accoururent vers nous en baragouinant comme des possédés. Je compris leurs clameurs et voulus avoir l'air de m'excuser. J'adressai à Joseph une verte semonce en leur présence, puis je leur dis que j'allais me diriger d'un autre côté. En effet, m'étant orienté, je contournai le village d'Arimadanah afin de retomber sur les bords de l'Irraouady, persuadé que j'étais d'y rencontrer des ramiers.

Je dirai ailleurs combien les pigeons sont communs en Birmanie, combien leur espèce est variée, comment ils terrent, ou mieux comment ils

---

(1) Les poônguis sont les prêtres attachés à des sanctuaires ou à des établissements monastiques.

se cantonnent sur le flanc des escarpements qui encaissent par ci, par là, le lit du fleuve, et comment ils élargissent les fissures du sol, les interstices du roc, de manière à s'y creuser des logements, des grottes, au point d'occasionner parfois des éboulements considérables.

Nous traversions un bout de terrain complanté de bananiers, de manguiers, de goyaviers et d'anacardiers; je venais d'abattre une paire de tourterelles grises (1), quand j'entendis des cris perçants qui provenaient d'une habitation d'assez belle apparence, à cent pas de nous, aux abords de la bourgade de Ngnyoungôo...

Je m'arrêtai, indécis de savoir si je ne rebrousserais pas chemin, de peur d'une nouvelle algarade. Au même instant, une femme échevelée, fort belle quoiqu'elle ne fût plus de la première jeunesse, — elle pouvait avoir vingt-huit à trente ans, l'âge critique des femmes de ces contrées; — s'élançait à notre rencontre avec des lamentations bruyantes. Elle était suivie d'un Indien qui portait un énorme panier... Nous finîmes par la comprendre. Elle me suppliait de lui procurer sur-le-champ des pigeons, et me montrait plu-

---

(1) Cette espèce est remarquable, en Birmanie, par la forme d'un cœur renversé qu'affectent les plumes sur le derrière de la tête, et par la tache ronde, d'un beau blanc, qui tranche, de chaque côté du cou, sur la couleur noire du collier.

sieurs petits lingots d'argent, — des *tickaux* en coupelle, — dont elle semblait vouloir me gratifier en échange. Cette offre disproportionnée m'intrigua ; je feignis d'acquiescer au marché proposé...

Sans plus attendre, elle me prit par la main et me conduisit au pas de course vers la rive du fleuve, à un gîte où je ne mis pas plus de dix minutes à abattre une trentaine de pigeons, car Joseph avait soin de tenir constamment un fusil chargé. La Birmane, ainsi que son domestique, dédaignait les pigeons tués ; mais, à chaque coup de feu, ils ramassaient avec prestesse les blessés et les fourraient dans le panier. Disons aussi que cette femme eut la précaution d'envelopper le panier d'une pièce d'étoffe dont elle n'hésita nullement à se dépouiller, bien que ce linge lui couvrît les épaules et le sein... A peine y eut-il une douzaine de pigeons en cage, la Birmane, sans songer à me remercier, s'enfuit avec son domestique de toute la vitesse que lui permettaient ses petits pieds, ses pantoufles à semelles en bois et l'étroit jupon national, le *tmein* ou *tamein*...

Nous suivîmes leurs traces et ne tardâmes pas à apercevoir un groupe de gens qui s'avançaient vers eux avec anxiété. La femme leur montra le panier ; alors ils s'en retournèrent tous ensemble au logis, et j'y pénétrai sur leurs pas.

Dans une vaste salle, celle de l'entrée, un gar-

çon de treize à quatorze ans, couché sur une pile
de matelas et de paillassons en feuilles de latanier, paraissait en proie à des souffrances atroces.
Il se tordait en poussant des gémissements plaintifs et en tenant à deux mains sa jambe droite,
toute nue. Sa sœur, une jeune fille fort jolie, à
peu près du même âge, était agenouillée à ses
pieds. Elle le lotionnait sans discontinuer avec
des compresses imbibées d'une décoction végétale...La pâleur du trépas couvrait le visage de
ce jeune homme : les traits se contractaient, les
yeux devenaient hagards, la pupille se dilatait
outre mesure, la vie se retirait de lui... A ce
triste spectacle, la consternation des assistants
était telle que nul d'entre eux ne se préoccupa
de notre présence, qui, en tout autre occurrence, n'eut pas manqué de produire sur eux
une certaine sensation...

Dès que nous fûmes entrés, l'Indien au panier
se mit en scène. Il consulta d'abord le pouls du
blessé; ensuite il plaça son oreille sur sa poitrine, comme pour l'ausculter. Les symptômes
étaient sans doute favorables, car sa physionomie
sembla nous dire : «tout espoir n'est pas perdu!»
Ayant enlevé prestement les compresses, ayant
saisi un ramier à pleine main, il l'appliqua fortement sur la jambre du patient, au gras du
mollet, en plaçant l'orifice anal de l'oiseau juste
sur le point douloureux, sur la blessure, et il l'y
maintint ainsi l'espace de deux minutes, après

quoi il lâcha le pigeon. L'oiseau tomba raide mort sur le plancher... Ce ne fut qu'un cri de joie ! La mère et la sœur du jeune homme se précipitaient déjà vers lui, les bras ouverts ; l'opérateur les contint avec autorité...

Imposant silence à toute manifestation intempestive, celui-ci recommença sept fois la besogne... Cinq des huit pigeons expirèrent presque subitement. Le sixième râla quelques secondes ; le septième se débattit un moment ; quant au huitième, il se traîna du côté de la porte, où il se prit à voleter un peu, et, bien qu'il se fût affaissé à une faible distance, — peut-être à cause de sa blessure primitive, — il ne mourut pas tout de suite.

Le lecteur devine-t-il le but de cette bizarre opération? Mon Dieu ! c'est pourtant une chose fort simple, fort naturelle... Le jeune homme, en allant cueillir des bananes, avait été mordu par un serpent dont le venin est mortel, le *Naja*... Il s'était enfui chez lui en criant, et les gens de la maison s'empressèrent de l'installer sur une couchette où on lui donna les premiers soins...

L'Indien dont nous avons parlé était un individu de la tribu des *Laos,* un esclave, un prisonnier de guerre que le maître du logis avait acheté depuis peu pour une modique somme. Il avait prescrit déjà quelques remèdes sous sa main, lorsque la détonation de mes coups de fusil lui inspira l'idée d'obtenir de moi des ramiers, spécifique en usage, paraîtrait-il, contre ces fâcheux accidents, au sein des populations à demi-sauvages, quasi indépendantes, qui vivent aux confins de la Chine, de la Birmanie et du Cambodge.

Effectivement : retenu ainsi de force et comprimé par la main de l'homme, le pigeon, soit pour mieux résister à la pression, soit pour mieux rassembler ses moyens afin de s'y soustraire, exerce machinalement une sorte de contraction interne qui réagit sur les plis du muscle circulaire appelé sphincter. L'orifice anal opère alors à l'instar d'une ventouse. L'adhérence, en se produisant, occasionne une aspiration violente qui détermine, après une série d'expériences, l'absorption totale du virus vénéneux par les malheureux pigeons...

Qu'ajouterai-je encore?... Le jeune homme fut sauvé. Le Laos lui administra quelques nouvelles infusions de suc d'anacardier concrété, il lui fit continuer les lotions; des vomissements se déclarèrent; enfin, deux heures après, le malade se leva et se promena dans la salle pendant qu'on lui disposait une couchette plus convenable... Le lendemain, tout était oublié !...

Ah ! que sa mère et sa sœur furent joyeuses!... La jeune fille remerciait le Laos — un gaillard bien planté, ma foi! — en des termes d'une gratitude qui ressemblait à de la tendresse... La mère me témoignait sa reconnaissance de la façon la plus expressive. Elle me prit les mains, les embrassa et voulut me contraindre à empocher ses lingots d'argent... J'eus toute la peine du monde à m'en défendre... Alors elle ordonna à ses gens de me servir une collation... Je n'ai jamais su résister longtemps à des yeux pareils aux siens. D'ailleurs je l'aurais peinée en refusant : j'acceptai.

J'étais en train de déguster une tranche d'ananas saupoudrée de muscade et de sucre : un chef birman survint, accompagné d'une suite d'amis et de serviteurs. C'était le maître du logis, le mari de cette femme, le père du jeune homme, un des principaux habitants de Ngnyoungôo, où il remplissait des fonctions analogues à celles de juge de paix. . . . .

Le juge fut bien un peu surpris en me voyant
ainsi attablé chez lui ; par contre, dès qu'il eut
appris qui j'étais et qu'on l'eut mis au courant
de ce qui venait de se passer, il s'assit près de
moi, m'accabla de protestations et voulut parta-
ger mon frugal repas. Dans l'intervalle, il appela
le Laos et lui glissa à l'oreille quelques mots qui
le firent bondir d'allégresse...

Notre hôte comprit probablement, aux diverses
questions que je lui adressai par l'intermédiaire
de Joseph, que j'étais un amateur de chasse et
que je ne redoutais ni la fatigue ni le danger. Il
s'offrit donc à me ménager une partie dont j'aurais à me féliciter, disait-il, pourvu que je n'y allasse pas seul et que je fusse bien armé, les pa-

rages où je devais me rendre étant infectés de tigres et de bêtes fauves...

A six milles de Ngnyoungôo et sur l'emplacement d'un monastère jadis fort retiré, il existe aujourd'hui un lac peuplé de gibier d'eau... Des tremblements de terre, accompagnés d'éruptions volcaniques, ont englouti le bâtiment monacal, le sanctuaire, le bois sacré ; puis, il s'y forma un lac. Insensiblement les alentours devinrent une forêt vierge où les indigènes ne se hasardent qu'avec une terreur superstitieuse, de sorte que les bêtes fauves et les animaux féroces s'en sont emparés.

Mon hôte me conseilla de m'attaquer de préférence, parmi les nombreuses espèces de gibier à plume qui foisonnent sur ce lac, à un petit oiseau dont la chair est succulente ; mais, si je voulais lui faire la chasse, me dit-il, il fallait que je ne m'occupasse nullement des autres oiseaux, attendu que celui-ci, une fois effrayé, se remise très-loin...

Les renseignements obtenus pendant cette conversation, joints à ceux que j'acquis de mes propres yeux, le lendemain, me portent à considérer cet oiseau comme tout à fait étranger à nos contrées. Je ne me souviens plus de son nom en langue birmane. Il tient du gros-bec et de la bécassine... Il niche exclusivement sur les branches ou mieux sur les pendentifs du vaquois, arbuste qui affectionne le voisinage des terrains humides.

Son nid, dont la contexture est solidement ou-
vrée, se compose de joncs, de paille et de terre.
De la façon dont il adhère aux excroissances
charnues du vaquois, on dirait un matras dont
le gouleau serait dirigé vers le sol, non pas verticalement, mais obliquement. Cette disposition
met la nichée à l'abri de la pluie et la préserve
des attaques d'une foule de bêtes malfaisantes :
pangolins, ocellés, grimpeurs, rongeurs, singes et
reptiles. On rencontre ordinairement plusieurs
nids accolés ou suspendus les uns aux autres.
Cela frappe d'autant plus qu'il se trouve parfois
une multitude de pareils groupes sur un même
arbre. Cet oiseau vit donc en société. Je suis
tenté de le prendre pour le *Nélicourvi* des naturalistes. . . . .

Je songeais à m'associer, pour l'excursion pro-
jetée, un de mes camarades, le baron de L***,
infortuné jeune homme qui mourut peu de
temps après notre arrivée à Mandalay, capitale
de la Birmanie. Ce ne fut pas précisément de
misère ou de maladie qu'il succomba, mais plutôt de chagrin, de désappointement et d'un
manque presque absolu de soins. Ah ! sa mort
doit peser lourdement sur la conscience de quelqu'un que je connais !...

Lorsque j'eus fait part de mes intentions au
juge de Ngnyoungôo, *ce brave homme* — je sou-
ligne cette expression à dessein, — me promit

de m'envoyer un guide à mon bateau ; il me promit aussi que nous serions devancés au lac par deux hommes habitués à manœuvrer les embarcations dont les indigènes se servent pour ce genre de chasse, et qu'ils transporteraient eux-mêmes les nacelles... Je le remerciai cordialement et lui promis de passer à son habitation au retour de la chasse.

Revenu à la flottille, je prévins le baron de L***. Cette attention le toucha ; non pas que nous fussions en froideur ensemble, mais parce que des circonstances indépendantes de notre volonté respective nous avaient mis en délicatesse l'un vis-à-vis de l'autre...

Le patron fut mandé près de moi... Après lui avoir annoncé que je m'absentais toute la journée du lendemain, je lui intimai d'avoir à se tenir prêt à mettre à la voile le surlendemain, sans plus de retard. Joseph fut chargé de veiller aux victuailles. Désiré, un marin provençal que j'avais embauché à Rangoon, où il était sur le pavé, reçut l'ordre de nettoyer mes armes. Et je m'occupai moi-même des munitions ou autres accessoires.

Une veste à basquine et à plastron, en velours gris, à côtes, trame très-serrée ; — une *culotte* de même étoffe, très-large, très-courte, puisqu'elle se bouclait au-dessous du genou ; — un large chapeau de paille, à mentonnière ; — mes grandes boîtes imperméables, en cuir de Russie, graissées de frais ; — une cartouchière et un porte-revolver qui se croisaient un peu au-dessus de la ceinture, et leurs courroies maintenues en place sur la poitrine à l'aide de petites pattes se bouclant à un ceinturon en basane bien souple ; — un couteau de chasse dont la lame était très-courte, très-large, très-affilée et très-épaisse ; — une carnassière, ou havresac, contenant ma gourde, une boîte pharmaceutique ainsi qu'un supplément de munitions : voilà mon accoutrement...

Comme armes, j'emportais : un revolver *Perrin*, dont j'avais eu déjà occasion de me louer ; un fusil double à culasse mobile, système *Schneider*, calibre 16, dont j'étais sûr à 60 pas, au tir de n'importe quel gibier à plume ; et ma carabine à deux coups, un *Lepage-Moutier*, avec laquelle je ne manquais jamais, à cent mètres, un blanc de la grandeur d'un fond de chapeau.

Cette carabine, quoique fort simple, ne laissait rien à désirer pour le fini. Crosse, ni trop longue ni trop courte, à joues pleines ; couche, ni trop droite ni trop courbe ; bonne penture, tombant facilement à l'enjoue ; canons à bande creuse-relevée, bien dressés, bien équilibrés, d'un poids et d'une épaisseur à empêcher le recul de même qu'à supporter de fortes charges ; huit . rayures progressives, adoucies de telle sorte que leurs arêtes ne pussent engendrer d'encrassement ou couper le projectile ; détentes, suffisamment espa-

cées l'une de l'autre et ayant assez de surbande ;
platines, bien équipées, bien réglées, d'un moel-
leux, d'un liant et d'une souplesse de ressorts
incomparables : voilà cette arme...

Le diamètre de son calibre était un peu faible :
16 millimètres ; aussi me servais-je de projectiles
oblongs, cylindro-coniques, soigneusement coulés,
dont j'avais calculé le poids et les dimensions
avec une rigueur mathématique. Pour que le
mouvement gyratoire ne fit dévier la trajectoire
que le moins possible de la véritable ligne de tir,
le centre de gravité se trouvait exactement sur
l'axe et un peu en avant du centre de figure,
de sorte que le projectile frappait toujours de
la pointe, détail d'une haute importance. A l'arrière, il existait un dé, espèce d'évidement
creux, afin d'accroître la force de pénétration.
En effet, les gaz, après l'explosion, agissaient sur
les parois de la partie postérieure de la balle de
manière à dilater légèrement le *dé*, ce qui as-
surait le forcement et augmentait la portée. Or,
je m'étais attaché : 1° à avoir du plomb bien
pur, bien malléable, sans aigreur ; 2° à ne pas
le brûler au coulage, de peur qu'il ne s'oxy-
dât ; 3° à laisser assez d'épaisseur à la bande
annulaire pour que la balle ne pût se guillotiner
au collet...

Sont-ce là les conditions du tir de précision ?
Chacun en jugera à sa guise. Bref : bien que je
sois un tireur médiocre, je tirais parfaitement

avec cette arme et avec ce projectile... Cela m'a servi, on peut le croire !...

La tenue de M. de L*** ressemblait à la mienne; son armement était à peu près le même.

Joseph et Désiré avaient chacun un fusil double, à baguette, avec charges à plomb et cartouches à balle, toutes préparées . . . .

Nous soupâmes allègrement, à l'exception de ma femme qui éprouvait un indicible sentiment d'inquiétude. Le lac, les volcans, les tigres dont nous parlâmes pendant le repas; enfin les hippogriffes, les dragons ailés et autres monstres fantastiques qu'elle avait entrevus aux abords des pagodes : tout cela lui trottait par l'imagination et la tourmentait... Je ne tardai pas à me coucher afin d'être sur pied de fort bonne heure le lendemain...

A quatre heures du matin, le guide que m'envoyait mon ami, le juge de Ngnyoungôo, nous trouva sur la plage... C'était notre chirurgien, le Laos... Sa tenue avait changé. Il portait un *patsôo* neuf et une veste de cotonnade blanche. Le juge lui avait accordé la liberté en échange du service qu'il avait rendu à son fils. Peut-être, aussi, ce personnage s'était-il aperçu que sa fille en était éprise et que son épouse autorisait leur mutuelle inclination. Notre docteur sauvage avait vraiment bonne mine, ainsi! Je ressentais pour lui je ne sais quelle sympathie...

Deux de nos mariniers devaient porter, dans

de grandes couffes, les provisions de bouche dont nous pouvions avoir besoin.

On cassa une croûte, on but le coup du départ, et en route !...

J'allais oublier un incident...

Ma femme était très-alarmée, non de ce que je devais passer une journée entière hors du bateau, — mon imbécile de Joseph ne lui avait-il pas dit que la femme du juge était excessivement belle ! — mais son araignée la tracassait... Elle n'avait pas dormi de la nuit... Au moment où nous étions sur le point de partir, elle descendit sur la plage et adressa au Laos, moitié par signes, moitié dans un langage approprié à la circonstance, une foule de recommandations que celui-ci parut fort bien comprendre et qu'il écouta d'un air de déférence respectueuse... Où donc avait-il pris de semblables manières, cet Indien !...

Ma femme vint encore une dernière fois vers moi.

— Sois prudent ! mon ami, me dit-elle en m'embrassant, les larmes aux yeux.

— Tranquillise-toi, ma chère enfant ! je penserai à toi...

— Ton revolver est-il chargé, au moins ?...

— Tiens, regarde !...

— Ne t'en sépare pas, je t'en conjure !... Si tu

le quittais un seul instant, il pourrait en arriver malheur...

— Tu sais bien que je le garde continuellement à ma ceinture...

— Mon Dieu! mon Dieu! que deviendrais-je, à cinq mille lieues de la France, dans ce maudit pays, s'il te survenait quelque accident?... Mais ce n'est pas pour moi, c'est pour toi que je tremble!...

— Tu es folle! mon amie... Sois donc raisonnable, tous ces gens-là nous regardent!...

— Allons, adieu!... Ne t'en retourne pas trop tard, tu me causerais des transes mortelles!...

— Au revoir, chère amie!...

Et je l'embrassai. . . . .

Oh! l'intuition des femmes!!!...

III

Les Birmans ont des milles d'une longueur incommensurable.

Nous marchions très-vite, pourtant nous mîmes bien deux heures à atteindre la forêt. Mon ami le juge de paix avait sans doute pris pour point de départ, dans l'appréciation des distances, son propre domicile de Ngnyoungôo et non la rive où notre flottille était amarrée : différence fort notable.

Jamais nature plus riche, plus abrupte, plus luxuriante, plus capricieuse que cette forêt poussée là comme par magie!... Le *dah* (1) du bû-

____

(1) Le *dah* est un sabre, ou coutelas à manche très-long, dont les Birmans se servent pour une foule d'usages de la vie domestique : ils le manient souvent à deux mains.

cheron, le pas du chasseur et le cri des bandes allant cueillir des fruits ou ramasser des gommes, ne devaient s'y faire entendre qu'à de rares intervalles, car les sentiers étaient obstrués en plusieurs endroits, soit par de nouveaux rejetons, soit par des branches accrues... On apercevait, il est vrai, de temps à autre, dans le lointain, quelques éclaircies lumineuses; mais le couvert sous lequel nous marchions était plein d'ombre et de ténèbres... Les Indiens chargés de transporter les nacelles avaient pris apparemment une autre route; leurs traces ne se montraient nulle part. D'ailleurs il leur eût été impossible de suivre ce chemin avec leur fardeau.

A proximité d'un ruisseau qui serpentait à travers la forêt, nous rencontrâmes plusieurs de ces arbres étranges dont j'ai parlé précédemment. Les nids de l'oiseau que je venais chasser — le nélicourvi, — y étaient répandus avec profusion, mais vides. Ils ne sont habités qu'à la saison des pluies et à celle de la couvée, c'est-à-dire pendant la première éducation.

Nous rencontrions aussi, à chaque instant, du gibier à poil ou à plume, dont nous nous serions contentés en tout autre occasion. De peur de nous attarder si nous nous amusions en route, je prescrivis de ne tirer que si le cas l'exigeait.

Nous cheminions à la file les uns des autres : le Laos en avant; je le suivais; Joseph derrière moi ; ensuite les deux mariniers ; M. de L*** et Désiré fermaient la marche... Les uns, avaient le coutelas au poing ; les autres, le fusil à la main.

La forêt n'en finissait plus... Cette solitude lugubre commençait à me causer une impression indéfinissable, avec ses frémissements occultes, ses murmures cachés et le gazouillement d'une population invisible, quand des rugissements pressés, saccadés et caverneux, comme ceux que le tigre pousse lorsqu'il a faim, qu'il est inquiet ou que des variations atmosphériques le surexcitent, retentirent au milieu du profond silence qui régnait autour de nous et remplirent la forêt de leur majestueuse sonorité...

— *Kya ! kya !*... Le tigre ! le tigre ! s'écrièrent les Birmans en brandissant leurs dahs.

Je pressai involontairement la poignée de ma carabine.

Les rugissements étaient très-éloignés. Ils paraissaient se diriger dans un sens opposé à la direction que nous suivions. Cette fausse alerte eut pour effet de nous faire tenir sur nos gardes. La forêt reprit bientôt son silence.

A un moment où, tout en emboîtant le pas au Laos, je sondais du regard les profondeurs du bois, un bruissement précipité se fit entendre à ma gauche. Les broussailles s'agitaient sur un espace assez étendu ; néanmoins il me fut impossible de rien distinguer... Soudain deux bons coups de feu, suivis presque aussitôt de deux autres moins bien nourris, nous donnèrent l'alarme. « Ça *péte* sec ! » me dis-je, en employant une expression consacrée quoique un peu triviale.

A l'intensité de la première explosion j'avais reconnu la carabine de M. de L***. En effet, la tête de la colonne avait effrayé une laie et ses marcassins. Au lieu de piquer sur moi, la laie avait voulu percer droit au *débuché*. Le baron de L*** l'en avait empêché en lui cassant l'épaule d'un coup de carabine. De son deuxième coup, il étendit raide un beau marcassin qui n'avait pas encore quitté la *livrée*. On lui trouva la balle à deux doigts du cœur. Les autres marcassins se perdirent dans le fourré...

Désiré, à cause de sa mauvaise vue, n'avait pu tirer sur le restant de la harde ; mais il s'approcha de la laie... Celle-ci, acculée contre un arbre à cachou (1), essaya de lui faire tête. Il lui logea ses deux balles dans le crâne, quasi à bout portant. C'était un *quartan* de moyenne grosseur. Dans l'Indo-Chine le sanglier est moins haut, moins trapu, moins corsé qu'en Europe.

En quelques minutes, nos mariniers, avec leurs dahs, eurent paré les deux bêtes. Leur ayant lié les pieds, ils y passèrent une branche d'arbre et les portèrent ainsi sur leurs épaules, de sorte que nous poursuivîmes notre route.

____

(1) Acacia mimosa, ou mimosa catechu.

A certain endroit où un torrent s'était frayé un passage peu profond, je remarquai des touffes d'herbe broutées très-ras; quelques arbustes présentaient des écorchures fraîches. Enfin je vis un large plateau encore fumant... On ne pouvait s'y méprendre : nous traversions des *gagnages*...

Ah! mon Dieu! que vois-je donc là-bas?... Au milieu d'un bouquet de branches s'élevant au-dessus d'un massif d'arbrisseaux, je distinguai deux lobes noirs, veloutés, inoffensifs, d'une dimension extraordinaire, et surmontés d'une ramure gigantesque. L'animal me considérait sans la moindre défiance; c'était un *élan*...

Je saisis le guide par son patsôo, sans proférer une parole; je fis signe à Joseph de s'arrêter incontinent, je me campai et je visai au front... Pan! pan!... Un soupir, plutôt qu'un bramement, s'exhale du massif... J'accours... L'élan —en birman : *deihé*, —avait le haut du front fracassé. Il tourna vers moi ses yeux mourants, remplis de grosses larmes et inondés de sang, puis il expira... J'eus un crève-cœur de rage en pensant à la cruelle lâcheté de l'homme... Mais pourquoi donc ce bel animal avait-il si peu de méfiance et tant de curiosité?

Sa taille approchait de celle d'un cheval. Son bois était magnifique; ses empaumures portaient quatre andouillers. Il avait le museau renflé, le cou gros, court, très-charnu, les cuisses fortes et bien en viande, le pelage d'une couleur cendrée... On lui aurait attribué une quinzaine d'années.

Nos gens se préparaient à l'éventrer; le Laos, qui avait été émerveillé de la beauté du coup, m'avertit que nous n'étions plus qu'à une faible distance du lac. Je fis faire halte et envoyai le Laos lui-même chercher ses camarades, les porteurs de nacelles, afin qu'ils vinssent déjeuner avec nous.

Tandis que nos mariniers vidaient la bête, Joseph et Désiré disposèrent les apprêts d'un repas auquel tout le monde fit honneur. Dieu sait si les grillades à demi-saignantes nous manquèrent!... La cafetière joua aussi son rôle... Les Birmans ne sont guère accoutumés à ce délicieux breuvage. Afin de mettre nos gens de belle humeur, je joignis en cachette, au café, un peu de *brandy-cognac*. Mes gredins feignirent de ne pas s'en apercevoir, mais ils se léchèrent les lèvres...

Nous devions seuls chasser, le baron et moi... Désiré et Joseph restèrent avec nos mariniers. S'ils nous eussent suivis, ils auraient certainement effarouché le gibier. En outre je ne voulais pas laisser les mariniers exposés, sans arme à feu, à la visite des bêtes féroces pendant qu'ils écorcheraient le cerf et les deux sangliers... Joseph en pleurait de dépit...

Le Laos prétendait m'accompagner à toute force. Il disait que ma femme le lui avait recommandé; il répondait de moi; il nageait comme un poisson ; le lac avait des goufres et des tourbillons, etc... L'un des Birmans qui avaient transporté les embarcations lui objecta que ces esquifs ne pourraient supporter un tel surcroît de charge... Le Laos le supplia de lui céder sa place, ce à quoi l'autre répondit : « qu'ayant reçu « cette commission de son maître, il devait s'en « acquitter en personne. »

Le croirait-on ? et pourquoi pas ?... Me rappelant alors les tendres propos que la fille du juge adressa au Laos lorsqu'elle sut que son frère était sauvé, je vis avec plaisir l'impossibilité où cet homme se trouvait de me suivre . . . .

. . . .

Nous voici au bord du lac.

Sa forme est celle d'une fève. Nous l'abordâmes vers le milieu de sa courbe convexe. Nous embrassions ainsi d'un coup d'œil la perspective émouvante qu'il présente... Le site est à la fois sinistre et ravissant !...

En face de nous, sur l'autre plage, quelques roches granitiques, débris d'un volcan éteint, nous montraient leurs angles rugueux, leur crête dentelée et leurs faces couturées par les laves.

Le lac a près d'une demi-lieue de large, sur le double en longueur... Les eaux fuient dans le lointain. Par un effet d'optique, les rives, magnifiquement boisées, semblent vouloir se rapprocher afin d'éviter l'ardeur d'un ciel tout en feu... En se reproduisant sur cette surface limpide que nulle brise n'effleurait, les ombrages du lac, si diversement nuancés, répandaient sur ce tableau une teinte sombre, mystique, qui saisissait l'âme et anéantissait la raison. Vraiment ! il y a dans l'Inde des spectacles qui portent l'homme au recueillement, à la crainte, à la superstition, parce qu'ils paraissent tenir du surnaturel. Et puis cet air subtil, ces flots de lumière, cette atmosphère embrasée, ces irradiations vertigineuses qui sillonnent l'espace, tout cela égare la pensée, enivre l'imagination et paralyse le jugement !

Étions-nous animés de la crainte de réveiller des échos muets, peut-être, depuis le cataclysme dont ils avaient été témoins ? Nous répugnait-il de profaner un lieu voué jadis au culte des Divinités indoues ?... Ah ! certes, Bouddha, ses mythes, ses incarnations passées, présentes ou futures ne nous imposaient nullement... L'idée du carnage auquel nous allions nous livrer contre la multitude emplumée qui nageait sur ce cristal mobile ou qui voletait au-dessus de ce miroir magique troublait-elle notre esprit ? Oh ! non... Et pourtant quelque chose de stupéfiant, d'incompréhensible se passait en nous. . . . .
. . . .

Le juge de Ngnyoungôo ne m'avait pas trompé : le gibier d'eau abondait... Grues, flamants, canards, sarcelles, poulettes, plongeons, etc., etc., s'ébattaient à cœur joie sur le lac ; il n'y manquait que le phénix demandé...

Les rameurs, voyant notre air déconfit, nous firent comprendre — en étendant successivement les bras à gauche et à droite, puis en se livrant à une mimique comique, — que l'eau était trop profonde à cet endroit et que nous aurions à nous séparer...

Nous étant concertés, M. de L*** et moi, nous décidâmes qu'il se dirigerait à gauche, moi à droite, et que nous chasserions tout ce qui nous tomberait sous la main.

Nous nous installons dans nos embarcations, et nous prenons chacun la direction indiquée.

Les singulières barques !... Figurez-vous des troncs d'arbres, creusés par le feu, sans quille, aplatis, longs d'une dizaine de pieds, profonds d'une dizaine de pouces, large d'un demi-mètre, au plus. Le rameur se place à l'arrière et fend l'eau à l'aide d'une rame très-courte, qu'il plonge tantôt à droite, tantôt à gauche de la nacelle, selon le côté vers lequel il veut se diriger, ou bien réglant sa marche par des mouvements alternatifs. Le chasseur s'asseoit à l'avant. S'il se tenait debout, une secousse, un manque d'aplomb, la moindre perte d'équilibre, le moindre geste le précipiterait à l'eau...

La chasse allait à merveille ; c'était un véritable massacre, et mon you-you se remplissait de gibier à vue d'œil.

Quand nous approchâmes de l'extrémité vers

laquelle nous nagions, je remarquai que les eaux devenaient basses. En effet, les joncées commençaient à se montrer par ci, par là, les unes fleuries, les autres épineuses. Elles variaient de trois à dix pieds de hauteur.

Tandis que j'examinais attentivement, parmi ces sous-arbrisseaux, — mais encore d'un peu loin, — certains d'entre eux dont le sommet me parut avoir de l'analogie avec l'épi du maïs, ou mieux avec celui de la bistorte, mon rameur me donna à entendre que cette protubérance n'était autre que l'oiseau dont je me préoccupais. Pêcheur très-rusé, très-adroit, le nélicourvi se poste ainsi en observation et prend l'apparence d'une plante, afin de mieux surprendre sa proie... Je regardai alors autour de moi, et je crus en apercevoir une infinité.

Nous continuons à avancer... Étais-je le jouet d'une mystification? Je vise sur un groupe d'épis, et je fais feu... Frrrr! la bande s'envole à tire d'ailes...

J'avais tué une demi-douzaine d'oiseaux. Ils étaient gras, dodus comme des cailles; leur fumet me rappelait celui de la bécassine... J'étais enchanté; je ne regrettais plus mes peines.

Peu habitué aux descriptions ornithologiques, j'esquisse avec appréhension les indications suivantes : — Bec noir et long, gros à sa naissance, mais s'amincissant progressivement. — Pieds noirs. — Pattes longues; la partie inférieure du tarse absolument dénuée de plumes. — Corps très-effilé, oblong, presque cylindrique. — L'iris des yeux d'un jaune vif. — La tête, la gorge et le devant du cou, d'un jaune terreux. — Bande gris-vert, du derrière de la tête jusqu'à la commissure des mandibules. — Le duvet du dessous de la queue, brun-rougeâtre. — Le ventre, gris. — Le dos, le croupion, les pennes de la queue et des ailes sont d'un vert un peu terne ; mais les rémiges et les rectrices sont noires, avec une bordure blanche en dedans . . . .

La volée sur laquelle j'avais tiré s'était réfugiée au milieu d'une touffe d'herbages située précisément à la pointe d'une langue de terre qui se projette dans le lac, sur une longueur de deux cents mètres, environ, et sur une largeur de cinquante... L'endroit était parsemé de joncs, de lianes, de rotangs et d'arbustes qu'on eût dit couverts de fleurs ailées, tant elles étaient délicates, tant elles se balançaient avec grâce, ces gentilles fleurs!....

Je voulus gagner la pointe de la presqu'île ; l'eau vint à manquer. L'Indien se mit à l'eau et poussa la frêle embarcation à travers les plantes aquatiques; mais il fallut bientôt y renoncer.

Devant cet obstacle, nous dûmes changer de manœuvre et faire un détour.

Nous revenons sur nos pas, nous poussons au large, nous gouvernons un peu à droite, nous accostons la rive, nous longeons le lac à pied et nous pénétrons dans la presqu'île.

5.

Je désirais faire une raffle de mes deux coups de fusil, que je présumais devoir être les derniers de la journée. Afin de mieux viser, je remis ma carabine au rameur dès que nous touchâmes la plage...

A peine ai-je fait une centaine de pas dans la presqu'île, je distingue ma volée d'oiseaux. J'approche encore un peu, je m'arrête à belle portée, j'ajuste, je presse successivement les deux détentes... L'Indien de courir pour ramasser les morts et les blessés...

Il n'était pas à dix mètres, qu'un rugissement aigu, perçant et terrible retentit, répercuté par les solitudes de la forêt, par les roches du voisinage... Aussitôt j'entends un crépitement rapide ; puis un tigre s'élance du sein des arbustes qu'il brise comme de la paille sous le poids de son volume, sous la puissance de son élan !...

LA FEMELLE DU TIGRE A L'ABREUVOIR. — ELLE DÉVORE UN INDIEN. — LES PETITS TIGRES. — LE PRISONNIER DE GUERRE.

Le tigre était à quarante pas...

L'Indien s'arrête, ajuste et fait feu...

Nouveau rugissement!... La bête féroce poursuit sa course...

A vingt pas, l'Indien tire son second coup de carabine... Un cri épouvantable, un cri de terreur et d'angoisse y répond!... Le tigre avait atteint et renversé d'un seul bond son adversaire; il le déchirait et le mettait en pièces!...

L'avouerai-je? l'étonnement, l'émotion, l'horreur d'un pareil spectacle me tenaient cloué à la même place. Sous l'effet du saisissement, je ne pensais nullement à recharger mon fusil. D'ailleurs, je n'en aurais pas eu le temps. Cette scène s'était passée en quelques secondes, la durée d'un éclair et il n'en fallait pas davantage au tigre pour fondre sur moi...

Sa fureur, son acharnement me sauvèrent.

Je jetai mon fusil par terre, je pris mon revolver de la main droite, mon couteau de chasse de la main gauche, et je me tins prêt... Or, je ne pouvais tirer encore : l'homme et le tigre ne faisaient qu'un !

Enfin l'animal irrité, l'œil en feu, la gueule ensanglantée, et se fouettant les flancs avec sa queue, abandonne le cadavre, se retourne vers moi, se ramasse sous lui;... il va bondir !... Soudain il roule sur le sol en jetant une sorte de grognement rauque, tremblotant, convulsif; il étreint avec furie le corps de l'Indien, puis il se débat contre la mort !... Mes six balles avaient porté...

Je ramassai mon fusil, je le chargeai à balle, je glissai six nouvelles cartouches dans le cylindre de mon revolver, je rompis une branche d'arbuste, j'y fixai mon mouchoir, je l'agitai en l'air et me mis à pousser des cris de rappel en regagnant l'isthme.

Le baron de L***, après une chasse fructueuse, — car il tirait très-bien, — était déjà en train de s'en retourner au lieu du ralliement... Le bruit des coups de feu, les rugissements du tigre l'engagèrent à se hâter de venir me rejoindre. Il ne pouvait m'apercevoir d'abord ; mais la fusillade lui avait indiqué la direction à suivre. Mes cris et mes signaux lui tracèrent sa route. Il se trouva bientôt près de l'isthme.

Cependant quelqu'un l'avait devancé : le Laos !

Quand nous eûmes quitté nos gens, M. de L*** et moi, cet homme observa un moment la manière dont Désiré et Joseph s'y prenaient, à l'aide des mariniers, pour dépouiller et dépecer les bêtes que nous avions tuées ; mais, ne pouvant résister plus longtemps à son impatience, il s'esquiva, se dirigea vers le lac et suivit de loin les divers incidents de la chasse... Lorsqu'il me vit descendre à terre, rien ne lui faisait pressentir ce qui allait avoir lieu : il se tint coi... Lorsqu'il entendit les rugissements du tigre, oh ! alors, il accourut, essoufflé, haletant, le coutelas au poing... Cet empressement de sa part me toucha. Je ne saurais exprimer la satisfaction qu'il éprouva en me retrouvant sain et sauf.

Nos hommes survinrent, précédés de Joseph, qui courait comme un fou, le fusil haut... A son arrivée, j'essuyai une bordée de reproches en vingt langues différentes. Il jura ses grands dieux que je le tuerai si cela me plaisait, mais qu'à l'avenir il ne me quitterait plus... Pauvre nègre ! Si peu de tête et si bon cœur !...

On se porta sur le terrain de la lutte.

L'Indien n'était plus qu'un monceau informe. Il n'avait pas lâché ma carabine. Ses doigts crispés tenaient encore : d'une main, la poignée ; de l'autre, le fût de l'arme... Le bois était brisé ;

les canons étaient faussés et portaient la trace des griffes du tigre...

La bête féroce — c'était une femelle, — gisait sur le flanc gauche, les griffes raidies, les moustaches hérissées, les paupières contractées, la gueule dégoûtante de sang, d'écume visqueuse et de lambeaux de chair pantelante... Elle appartenait à l'espèce dite: *Tigre-Royal,* ce que je reconnus à son poil ras, parsemé de raies noires et irrégulières, sur un pelage fauve-doré. Malgré sa taille et sa longueur, la finesse des extrémités, la délicatesse des attaches, la grâce de ses formes dénotaient qu'elle n'était pas tout à fait parvenue à son entier développement... Je lui supposai de sept à huit ans.

La première balle du rameur avait glissé sur les côtes, en labourant le flanc droit de la bête... La seconde avait porté dans les chairs, à la naissance de l'épaule. Un pouce plus bas, l'Indien abattait le tigre, car il lui aurait cassé l'articulation. Évidemment il avait tiré, chaque fois, un peu trop précipitamment.

Deux de mes six balles avaient fracassé la mâchoire du tigre. Les quatre autres s'étaient logées dans la poitrine; l'une d'elles avait effleuré le cœur...

A peine notre inspection terminée, le Laos, qui avait tout observé avec soin, comprima sous ses doigts les mamelles un peu gonflées de la bête (1), et en fit sortir du liquide blanc-jaunâtre, lactescent. Ce fut pour lui un trait de lumière. Il saisit son coutelas, s'éloigna sans proférer une parole et se mit en quête vers la pointe de la presqu'île, sondant chaque touffe de broussailles... Vivement agités, le baron et moi, nous apprêtâmes nos armes et nous nous mîmes à l'épier avec un intérêt croissant...

A la pointe de la presqu'île, la plage, grasse et humide, présentait des empreintes : les unes, larges, profondes ; les autres, presque imperceptibles. Le Laos en supputa la disposition... Les bêtes étaient venues se désaltérer là, après quoi elles étaient parties en changeant de piste...

A un endroit où les herbes, les plantes et les arbrisseaux avaient été foulés, piétinés plus qu'ailleurs, de même que si plusieurs bêtes y eussent fait une halte, le Laos remarqua que le sillon de face — celui qui provenait de la mère, — était beaucoup plus accusé que le léger affaissement qui se voyait sur la gauche... Ce dernier indice lui suffit... A quarante pas plus loin, il lui échappa une exclamation !...

Sous un berceau de nymphées, de lotus et de

---

(1) La femelle, chez les animaux féroces, a peu de lait. Ses mamelles n'acquièrent jamais autant de grosseur que chez la femelle des quadrupèdes granivores ou herbivores.

joncées fleuries, deux petits tigres, un peu plus gros que des chats, ronds comme des boules, se tenaient tapis l'un contre l'autre, attendant leur mère dans une sorte de frayeur farouche. Ils avaient peut-être trois semaines ou un mois, au plus...

Le Laos ayant entr'ouvert, du bout de son dah, ce rideau verdoyant, ils écarquillèrent les yeux, allongèrent les griffes, montrèrent les dents et firent entendre un grondement... D'un coup du plat de son arme, il les étourdit tous les deux.

Leur attacher les pattes avec des lianes, ôter sa veste, se dépouiller de son patsôo, — il était alors nu comme un ver, ce dont il ne se préoccupait pas le moins du monde, — fut, pour lui l'affaire d'une demi-minute ; ensuite il étendit sa veste sur le sol, y plaça les deux petits animaux, et noua les bouts opposés ; enfin, ayant déployé son patsôo, il enveloppa le paquet, y adapta une branche et se mit à porter son trophée sur l'épaule, à la façon des ouvriers rouleurs.

Une fois la peau du tigre nettoyée, nous songions à retourner à l'endroit où nous avions déjeuné ; le rameur nous en dispensa en nous prévenant que nous étions plus rapprochés de la route qu'il avait prise avec son camarade pour venir de Ngnyoungôo, et que celle-ci était plus directe, plus praticable que l'autre. J'envoyai donc Joseph, Désiré et nos deux mariniers ramasser notre batterie de cuisine, notre service de table ainsi que nos dépouilles, pendant que le rameur se vengeait sur le meurtrier du défunt en le dépeçant par petits morceaux pour voir s'il n'y trouverait point, par extraordinaire, quelque bézoard... Ses recherches furent vaines. En désespoir de cause, il creusa une fosse sur le même emplacement, au pied d'un arbuste, et enfouit les restes de son compagnon.

Le baron de L*** parlait parfaitement anglais. Il lui avait été plus facile qu'à moi, durant les trois mois de notre séjour à Rangoon, d'apprendre le birman, à la faveur de nos relations avec une classe d'indigènes qui savent tous, plus ou moins bien, l'anglais... En l'absence de Joseph, je le priai de demander au Laos s'il entrerait volontiers à mon service... Cet homme me convenait. Je n'ai jamais rencontré des yeux plus intelligents, plus expressifs que les siens...

Le Laos se montra sensible à cette proposition. Il me remercia, persuadé, disait-il, qu'il n'aurait reçu de moi que de bons traitements; néanmoins il ajouta, en rougissant sous sa peau fortement cuivrée : « qu'ayant contracté un engagement sacré envers son ancien maître, il était de son devoir de le remplir... »

Mes soupçons se changèrent alors en certitude... La fille du juge de Ngnyoungôo entrait assurément pour beaucoup dans le refus du Laos... Là dessus, je le fis questionner à l'effet de savoir s'il présumait que le juge lui accordât sa fille... A cette demande, formulée peut-être avec trop peu de ménagement, il redressa fièrement la tête et nous apprit qu'il était le fils d'un chef de tribu...

« Un démêlé s'étant élevé entre les siens et les
« *Hutsas*, — autre tribu établie sur les rives du
« Mntsang-Kyang, rivière du Cambodge, — on
« en vint aux armes. Il avait été fait prisonnier
« dans un engagement où il s'était défendu avec
« acharnement... On lui avait accordé la vie sur
« la promesse qu'il fit de ne pas s'évader. Ses
« blessures guéries, il fut vendu à des marchands
« chinois qui se rendaient au bazar de Thsilé-
« Mao. C'est là que le juge de Ngnyoungôo l'avait
« acheté... Il se proposait, à la première occasion
« propice, de s'en retourner à sa tribu pour ras-
« surer ses parents sur son compte et de revenir
« avec un petit pécule pour épouser la fille de son
« ancien maître, si par cas celui-ci ne la lui avait
« pas donnée en mariage auparavant... »

Ce récit nous fut débité avec tant de naturel, tant d'abandon, qu'il me parut l'expression de la vérité. J'admirai aussi la constance et la bonne foi du Laos, attendu que la jeune fille paraissait être déjà sa maîtresse.

Nos gens de retour du bivouac ; la besogne du rameur achevée ; les peaux, les ustensiles, le gibier et les quartiers de venaison répartis entre tout notre monde, nous prîmes la route de Ngnyoungôo. J'avais jugé convenable de ne pas nous embarrasser des nacelles, c'est-à-dire de les laisser au bord du lac.

Cette route-ci étant plus libre, plus large, plus plane, je changeai l'ordre de la colonne pour traverser la forêt; néanmoins nous restâmes sur le qui-vive et nous nous astreignîmes à former un groupe compacte. Nous marchions par deux : le baron et moi; Joseph et le Laos; les deux mariniers; Désiré et le rameur.

Comme nos gens étaient chargés, nous ne cheminions pas très-vite. Il était une heure et demie au moment où nous débouchâmes de la presqu'île. Je comptais arriver avant quatre heures à Ngnyoungôo, ne m'y arrêter qu'un instant afin de ne pas inquiéter ma femme par un retard trop prolongé, et par conséquent être rentré à bord de mon bateau vers six heures du soir.. *L'homme propose et Dieu dispose !...*

V

LE TIGRE EN EMBUSCADE. — RUSE ET INSTINCT
DES BÊTES FÉROCES.

La forêt se trouvait presque franchie ; les buissons se montraient moins touffus, les arbres plus espacés. Les racines et les lianes n'entravaient plus le chemin ; on distinguait fréquemment des clairières... Alors je me relâchai un peu de ma vigilance ; je plaçai mon fusil en bandoulière, et j'entamai avec le baron une conversation intime.

Ce brave jeune homme, envahi par de tristes pressentiments, regrettait déjà de s'être laissé entraîner à l'entreprise aventureuse qui nous avait conduits en Birmanie... L'œil morne, l'esprit pensif, il me parla d'abord de la France, de sa gloire, de son avenir... Il m'entretint de sa famille : de son père, un ancien chef de chouans, auquel j'avais sauvé la vie en 1831, dans la Bretagne, à Josselin, et qui eut le malheur d'être fusillé quelques années plus tard, en Espagne ou au Portugal ; de son frère, qu'il avait perdu de vue, je crois ; de sa mère, qu'il aimait tendrement et dont il n'avait pas reçu de nouvelles depuis que nous avions quitté le sol de la patrie, c'est-à-dire depuis neuf mois.

Ses paroles avaient trouvé un écho dans mon cœur ; mes pensées s'étaient mises à l'unisson des siennes... J'avançais, la tête basse, l'imagination assombrie, peu soucieux des sites magnifiques que nous traversions... — Tout à coup, une haleine tiède glisse le long de ma joue ; je me sens saisi à la ceinture, par derrière, et la voix grave du Laos murmure rapidement ces mots à mon oreille :

— *Boohgui, tadé-tah !...* Chef, prends garde !

— *Bah-lo djin-dhé ?...* Que me veux-tu ?

— *Hamoueh ! néo matouabou !...* Dieu ! n'avance pas !

— *Bah-ré ?...* Qu'est-ce donc ?

— *Téïbu, Kya !* Vois, un tigre ! dit-il, en étendant le bras.

Ce dialogue s'échangea pendant que je prenais mon fusil, si mal à propos passé en bandoulière.

M. de L*** et Joseph avaient entendu mes paroles.

Je fis signe à la colonne de s'arrêter.

— Apprêtez vos armes... Vous ne tirerez qu'après en avoir reçu l'ordre, dis-je à mes deux domestiques, Désiré et Joseph, d'un ton qui ne comportait pas de réplique.

Et m'adressant au baron :

— Votre arme a plus de justesse, plus de pénétration que la mienne; veuillez ajuster à la tête.... La bête est par le travers, je viserai au flanc, près de l'épaule... Attendez le commandement : *feu !*

— Fort bien, Monsieur, me répondit froidement le baron prêt à épauler.

Une petite éminence de douze à quinze pieds surplombait la route... Autour d'un mangoustan de moyenne grosseur, s'épanouissait un bouquet de hautes malvacées du genre des roses trémières... Le tigre, dont nous devinions le corps mais dont nous n'apercevions encore que la tête, nous observait avec fixité, les reins adossés à l'arbre, le corps replié sous lui afin de doubler son élan... Il attendait que nous fussions arrivés en face de lui pour se précipiter sur nous à l'improviste, d'un seul bond ; or, l'intervalle qui nous séparait était à peine d'une trentaine de pas...

Quand nous nous arrêtâmes pour l'ajuster, il comprit qu'il était éventé... Un faible mouvement de côté, de même que s'il eut examiné par où il pourrait fuir, trahit chez lui ce sentiment instinctif... Toutefois, obéissant à sa nature sanguinaire ou bien à son courage, il se retourna vers nous aussitôt, et, pliant sur les jarrets de derrière, il se redressa pour s'élancer sur nous...

Aussitôt je m'écriai vivement :

— Une ! deux ! trois !... Feu !...

Il tomba sur la route comme un bloc de plomb à cinq ou six pas du pied de l'éminence, tant sa force d'impulsion était considérable... Chose surprenante : pas un cri, pas un rugissement !...

Il restait là, les pattes de devant étendues, celles de derrière cachées sous lui, le museau enfoui dans la poussière... On l'eut dit endormi... Mais était-il bien mort, ou seulement étourdi, évanoui ? Nous avançâmes en chargeant nos armes, tandis que mes gens le tenaient en joue.

J'avais envie, ne le voyant pas bouger, de lui chatouiller la tête avec les balles de mon revolver, tout en restant à quelques pas de distance, car le tigre, de même que le lion, a parfois des soubresauts et des retours de furie qui sont extrêmement dangereux... Qu'il vous atteigne à ce moment-là, vous êtes perdu : sa patte vous assomme, ses griffes vous éventrent et ses dents vous brient les membres, fût-il sur le point d'expirer !...

Le Laos m'en dissuada en disant que je gâterais la peau. Il me pria de le laisser faire ; j'y consentis, pourtant je continuai d'ajuster le tigre, à tout hasard.

Le Laos déposa son fardeau à terre : les petits tigres... Ensuite, ayant pris son dah à deux mains, par l'extrémité du manche, il se plaça bien en face de la bête et lui asséna un coup sur la tête avec tant d'adresse, avec tant de vigueur, qu'il sépara le crâne en deux, comme font nos marchands d'abats !....

Quel tigre !... Le superbe animal !... C'était un mâle d'une croissance complète... Eh ! comment donc avait-il été tué ?...

L'un des projectiles du baron lui avait brisé l'os frontal sans atteindre les organes cérébraux ; l'autre, lui avait transpercé le cou sans toucher ni l'œsophage ni la trachée artère. Ces deux blessures, quoique graves, n'étaient pas mortelles. Il eût encore été parfaitement en état de dévorer l'un de nous, malgré le sang qui l'aveuglait... Mes deux balles, à six pouces l'une de l'autre, avaient perforé l'appareil respiratoire ; l'asphyxie s'en était suivie.

— C'est vous qui l'avez tué, me dit le baron un peu piqué des commentaires que nos gens faisaient à haute voix.

— Pardon ! répondis-je, nous l'avons tué à nous deux...

Pendant qu'on écorchait le tigre, j'offris sa peau à mon ami, comme fiche de consolation. Il la refusa, par délicatesse, en prétextant les embarras du transport.

Nous subîmes un temps d'arrêt d'une grande demi-heure sur la route.

Le Laos s'étant imaginé de faire flairer la bête aux deux petits tigres, toujours enveloppés dans le patsôo, ceux-ci piaillèrent et gigottèrent comme des enragés, au point qu'ils faillirent s'échapper.

Il fut évident pour moi que le tigre était leur père... On ne saurait nier la voix du sang, même chez les animaux. Que cela tienne à l'habitude de la cohabitation, à l'odeur des particules moléculaires, à certaines émanations magnétiques ou sympathiques, peu importe ! cela existe...

Il y a lieu d'observer ici avec quelle finesse, avec quelle persévérance les bêtes féroces guettent leur proie.

Le tigre, en quête dès le matin avec toute sa famille, avait dépisté les Indiens qui portaient les nacelles au lac... La femelle et les petits étaient allés se désaltérer ; pendant ce temps-là, le mâle attendait la chair humaine au passage. Ne voyant revenir ni les siens ni les Indiens, il ne bougea pas de son embuscade... Si la femelle n'eût été tuée, ou bien il aurait quitté son poste et nous ne l'aurions pas rencontré, ou bien ils nous auraient attaqué tous les deux à la fois... Cette dernière pensée m'impressionne encore, au moment où j'écris ces lignes...

D'autre part : la femelle s'était tenue cachée lorsque je tirai mes deux coups de fusil à la pointe de la presqu'île ; la présence de ses petits la rendait lâche. Mais, quand le rameur s'avança, elle s'élança sur lui dans la crainte que sa progéniture ne fût menacée... Ainsi l'instinct maternel avait causé sa mort...

Je glisserai rapidement sur la fin d'une journée si féconde en incidents dramatiques.

Nous fûmes accueillis à Nguyoungôo comme des anciennes connaissances; cependant le sourire du juge, en nous abordant, me parut un peu forcé. La vue des petits tigres, que le Laos lui offrit, dissipa le nuage empreint sur sa physionomie.

Une collation nous attendait. Le fils du juge se trouvait en état d'y participer. On présume bien que le Laos — il avait eu soin de se pourvoir d'un patsôo avant de se présenter devant les dames, — mit du pathétique à décrire les aventures dont nous étions les héros, le baron et moi. Je m'empressai de rectifier les faits en déclarant que l'un de nous, au moins, lui était redevable de la vie... Je le fis asseoir près de moi, ce dont le juge ne se formalisa nullement, sa femme ne s'en étant pas offusquée. Elle le traitait déjà comme s'il était de la famille.

L'affaire du rameur, mort et enterré sur la presqu'île, ne parut qu'un détail insignifiant aux yeux du bon juge de Nguyoungôo.....

J'appris que le défunt était marié... En conséquence, je déclarai que je voulais donner une quarantaine de roupies à sa veuve... M. de L***, malgré sa pénurie profonde, témoigna l'intention, en vrai gentilhomme qu'il était, de contribuer aussi à cette offrande... On loua beaucoup notre générosité...

Le rameur survivant eut une petite gratification en sus de sa part de la venaison que les mariniers avaient fait sécher au soleil...

Ceux-ci régalèrent de gibier tout l'équipage de
la flottille. Ma femme y ajouta, le soir même, un
supplément de quelques bouteilles de *brandy*...
Les mariniers, en général, n'observent pas très-
scrupuleusement les commandements de Poud-
dha, en ce qui touche les liqueurs spiritueuses,..
tant s'en faut !...

De l'avis de M. de L***, j'offris à la famille du
juge une douzaine de ces oiseaux-pêcheurs que
nous étions allé chasser, la peau du sanglier et
celle du cerf avec son bois. J'espérais bien me
procurer, par la suite, d'autres dépouilles du
même genre.

La jeune Birmane, en apprenant que je ménageais une surprise au Laos, se montra radieuse et
très-reconnaissante.

Sa mère s'esquiva un instant lorsqu'elle jugea
que nous étions sur le point de partir. Elle re-
vint avec deux jolis éventails qu'elle me pria
d'offrir à ma femme, et me baisa de nouveau les
mains en répétant « que j'avais sauvé son fils. »

Ce dernier m'embrassa ; son père en fit autant, mais du bout des lèvres... J'eus occasion
de les revoir tous les deux, quelques mois après,
à Mandalay, en compagnie du Laos.

Le soleil s'inclinait déjà à l'horizon lorsque

nous nous éloignâmes de Ngnyoungôo... Le Laos nous accompagnait. Je pensais à l'inquiétude que ma femme devait éprouver; aussi arpentions-nous lestement le terrain.

Ma femme avait eu l'idée de grimper sur la berge du fleuve. Elle nous vit venir de loin. Quelle joie, en nous apercevant!

Je retins M. de L*** à souper avec nous.

Le Laos fut de la partie.

Joseph, bon enfant mais un peu jaloux, — par affection, — était désolé d'être obligé de le servir à table.

Désiré *marronnait* aussi en le voyant assis près de lui.

Ma femme, à qui nous racontâmes quelques-uns des incidents de la chasse, se montra très-cordiale envers le Laos. Avec son inquiète sollicitude et sa perspicacité, elle en supposait davantage qu'il n'y en avait eu... En réalité, toute cette venaison, le gibier d'eau, les tronçons de ma carabine, les deux peaux de tigre : n'était-ce pas assez pour l'effrayer?...

— Mon ami, me dit-elle lorsqu'elle crut convenable de congédier le Laos : n'as-tu pas quelque cadeau à lui faire?

— Mais, oui, répondis-je en balbutiant... Je vais lui donner un de mes fusils de Liége ..

— Ah!... s'écria-t-elle d'un ton pénétré...

Étant passée derrière la tenture qui séparait la salle à manger de notre chambre à coucher, elle reparut bientôt avec des colifichets, des dorures ou autres menus objets de toilette, et chargea le Laos de les offrir de sa part à la femme. ainsi qu'à la fille du juge de Ngnyoungôo... Ce garçon se serait prosterné à ses pieds si elle ne l'en eût empêché.

J'avais profité de la sortie de ma femme pour remettre au Laos la somme destinée à la veuve du rameur. M. de L***, sachant que je me proposais de donner un fusil au Laos, se rendit à son bateau; il en rapporta un sac à plomb et une poire à poudre, les seuls accessoires de chasse qu'il eût de rechange. En les donnant au Laos, il lui glissa dans la main vingt roupies destinées à la femme du rameur. Quoique mon cadeau fût d'une valeur plus élevée, celui du baron, eu égard à notre position respective, avait bien son prix...

Le Laos, lorsqu'il reçut de moi un fusil de chasse et deux boîtes de capsules, manqua se trouver mal de joie... Il promit de venir nous présenter ses salutations à Mandalay. . . . . .

. . . .

— Tu as donné un fusil à cet homme, me dit ma femme dès que nous restâmes seuls; eh bien! ce n'est pas assez...

— Pourquoi? demandai-je, surpris.

— Parce qu'il vous a sauvé la vie, à M. de L***

ou à toi; peut-être à tous les deux... Ah ! vous ne m'avez pas tout dit...

— Tu auras donc sans cesse des visions cornues, et je ne pourrais plus aller à la chasse ?...

— Tu iras tant que cela te fera plaisir; mais, crois-le bien : mes pressentiments ne me trompent jamais !

Le lendemain, dès l'aurore, nous cinglions vers Myen-Kyan, avec une brise carabinée... A la hauteur de Ngnyoungôo, nous entendîmes des cris sur le rivage. Nous sortîmes de notre cabine, ma femme et moi, et nous aperçûmes de loin oute la famille du juge, — sauf le juge lui-même, — qui était venue là pour nous souhaiter bon voyage...

Depuis ce jour, le patron de la flottille eut peur, sans doute, que je ne le prisse pour un tigre... La vue de mon revolver le rendait souple comme un gant

VI

MŒURS BIRMANES. — FIN TRAGIQUE DU LAOS.

En Birmanie, les fonctionnaires, les gens haut placés comprennent et rendent la justice d'une manière uniforme. En d'autres termes : ils se conduisent envers le faible comme le Souverain et ses ministres en agissent avec eux... Doux, affectueux, conciliants, en apparence, dans les relations ordinaires de la vie, ils se montrent absolus, perfides, artificieux, vindicatifs et cruels quand leurs intérêts ou leurs passions sont en jeu... Que faire à cela ? c'est l'usage en Orient... Il existe bien une foule de mesures légales et de prescriptions administratives toutes empreintes d'équité, de morale et d'un sentiment de justice distributive; mais ce sont autant de lettres mortes... La volonté du maître sert de règle suprême, le principe fondamental sur lequel repose cette forme sociale étant que tout appartient au Souverain, aussi bien les hommes que les choses..... En vérité ! il a fallu que la nation birmane fut merveilleusement douée de la nature pour qu'elle soit restée ce qu'elle est aujourd'hui, malgré les dissolvants qui la minent depuis des milliers d'années : le despotisme et la superstition ; malgré la plaie qui la ronge au cœur, l'oisiveté ; malgré la pression de l'Angleterre, qui l'étreint et paralyse ses moyens... Ainsi, l'action du climat, l'absence de mobiles civilisateurs, la complète inertie du triple mouvement agricole, industriel et commercial, la mauvaise alimentation parmi la basse classe, l'insuffisance des abris, le manque de vêtements, enfin les vices inhérents au genre de régime au sein duquel cette nation croupit depuis un temps immémorial, rien de tout cela n'a pu l'amollir ni l'efféminer !.....

Les Birmans diffèrent essentiellement des peuples de l'Hindoustan, du Bengale, de la presqu'île malaise, du Siam, du Cambodge et de la Cochinchine... Agiles, alertes, dispos, enjoués, bien pris, robustes, sobres, courageux, dévoués, ils seraient susceptibles de faire d'excellents marins, d'excellents soldats. Que leur condition vînt à changer, que la politique des Anglais cessât d'y mettre obstacle, ils deviendraient vite de bons agriculteurs, de bons commerçants, de bons industriels... Ils sont passionnés pour la danse, la musique, les exercices du corps et les représentations théâtrales. Ils cultivent, non sans succès, la littérature et la poésie. Ce sont les premiers calligraphes du monde. Leur aptitude aux arts manuels ainsi qu'à certains travaux de l'esprit est remarquable. Ils excellent dans la sculpture sur bois. L'ornementation architecturale brille tantôt par la grâce de la composition, tantôt par la délicatesse du style, tantôt par la naïveté des détails, toujours par l'originalité des formes, la hardiesse, la belle coordination de l'ensemble et le prestige qu'il exerce sur l'imagination. Le croirait-on? l'art monumental projeta jadis, en Birmanie, — durant un cycle glorieux, — des reflets dont l'Europe elle-même a ressenti l'influence; et cependant les savants n'en ont pas soufflé le mot... Quelle lacune à combler dans l'histoire de l'art !....

Les Birmans, quoique très-pieux, sont très-tolérants en matière de croyances religieuses. Nulle division de castes. Chacun est admissible aux emplois. Ils ont un grand fond d'honnêteté, leurs manières respirent la bienveillance, leur humeur est joviale ; aussi, avec eux, les rapports vulgaires de l'existence sont-ils faciles et agréables pour l'Européen.

Galants par caractère plutôt que par tempérament, ils laissent aux femmes une liberté dont celles-ci n'abusent guère ; en outre ils leur témoignent des égards, du respect.

La langue birmane est un peu leste dans ses

expressions, néanmoins les gens ont une décence, une pudeur, une réserve innées, ce qui contraste singulièrement avec les mœurs et les habitudes indoues... Sauf de rares exceptions, point de jalousie brutale, point de scandaleuses provocations; pourtant les infractions conjugales sont réprimées avec une modération peu fréquente chez la plupart des nations asiatiques.

Les grands personnages sont les seuls à pratiquer la polygamie, encore y apportent-ils des restrictions. Il y a deux sortes de mariage : celui de convenance, et celui qui résulte d'un achat. Ce dernier, selon le cas, peut recevoir sa sanction en vertu d'un contrat. De même, le consentement mutuel des conjoints, l'incompatibilité de caractère, la non observance des devoirs réciproques, la restitution de la somme fournie, en un mot diverses causes peuvent amener sa rescission. Le divorce est donc admis par la loi; mais l'opinion publique, les mœurs, le sentiment national et les institutions sont également favorables à la femme, à l'enfance, à la vieillesse. Les établissements de bienfaisance abondent sur le sol de la Birmanie; c'est assez dire que les vieillards sont honorés, les veuves respectées, les mineurs protégés, les orphelins secourus.....

J'aime cette race encore vierge pour la civilisation, le progrès et la liberté. J'en ai la certitude, elle sympathiserait bien autrement avec la France qu'elle ne sympathise avec l'Angleterre. Ah! si

l'Empereur Napoléon III le voulait : quel magnifique empire à reconstituer . . . .

. . . .

Reprenons la narration.

Le juge de Ngnyoungôo, son fils et le Laos vinrent me visiter à Mandalay, ai-je dit... Je les reçus de mon mieux, quoique l'air cafard, le ton
mielleux et les allures hypocrites de *mon bon ami*
le juge ne me rassurassent que médiocrement.

Je raconterai ailleurs les aventures extraordinaires qui m'attendaient lorsque, voulant explorer par moi-même une route propre à faciliter
aux Européens leurs transactions commerciales
avec quelques-unes des provinces de la Chine, je
profitai du voyage que le Laos fit à sa tribu.....

Un an après mon passage à Ngnyoungôo, je me
disposai à quitter une contrée où, par suite d'un
malentendu bien regrettable, j'avais été abreuvé
d'ignominies, j'avais eu à subir toutes les perfidies
imaginables, j'avais été pillé, empoisonné ; où ma
femme avait failli être assassinée, et d'où nous
parvînmes à sortir grâces à l'énergique interven-
tion d'un homme de cœur, le colonel sir Arthur
Phayre, gouverneur du Pégu, en résidence à
Rangoon, lequel fut envoyé en mission sur ces
entrefaites à la cour de Mandalay par le vice-roi
général des Indes anglaises. Mais abstenons-nous
de toucher cette question délicate. Je reprends...

Quand je descendis l'Irraouady, je m'arrêtai

à Ngnyoungôo avec l'intention de dire adïeu au Laos et de lui serrer la main une dernière fois. Tout était bien changé ! Le bruit de mes disgrâces était parvenu jusque-là ; ce ne fut plus la même réception...

Le juge, à peine m'eut-il abordé, renouvela la proposition qu'il m'avait faite jadis, c'est-à-dire de lui vendre mes armes. La première fois il m'avait offert 100 roupies de mon revolver Perrin ; 200 de mon fusil Schneider ; 300 de ma carabine Lepage-Moutier, bien que le bois fut brisé. Ces armes m'étaient utiles alors ; aussi avais-je refusé... Cette fois-ci je refusai encore, quoique je dusse retourner bientôt en France ; et, comme nous étions toujours sur le territoire birman, j'aurais refusé, le juge eut-il triplé la somme. Voyez ce qu'est l'imagination ! ce refus nous sauva la liberté ou la vie, à ma femme et à moi.....

Les petits tigres étaient devenus superbes. On les élevait dans une grande cage en bois de thuya, revêtue de plaques en tôle et garnie de barreaux en fer. Ces gredins là semblèrent reconnaître le meurtrier de leurs parents, celui qui les avait rendus orphelins, car ils firent, à mon aspect, un sabbat infernal. On espérait les apprivoiser en les élevant ensemble. Il y avait un mâle et une femelle.

Le fils du juge se trouvait absent du logis, par ordre, je suppose.

La femme et la fille du juge me parurent plongées dans la désolation. Cette dernière était enceinte. Comme je n'avais pas aperçu le Laos, je m'informai du motif de son absence. Elles répondirent d'abord à mes questions par un torrent de larmes ; mais, le juge ayant été obligé de les laisser un instant seules avec moi, elles me confièrent en peu de mots les particularités suivantes :

« Le Laos, au retour de l'excursion à sa tribu,
« avait épousé sa fiancée... Il allait de temps à
« autre à la chasse avec le fusil que je lui avais
« donné et dont il se servait on ne peut mieux...
« Un jour, surpris par un tigre, il se mit prompte-
« ment sur la défensive. Ses deux coups de feu
« ratèrent presque à bout portant. Il fut dévoré
« en un clin d'œil !... Ce malheur datait déjà de
« plus d'un mois... »

Pendant ce récit, la jeune femme étouffait ses sanglots sur le sein de sa mère. Celle-ci, dès qu'elle eut terminé, me mit silencieusement au doigt une bague à reflets chatoyants, en mémoire du service que j'avais rendu à son fils et de l'amitié que je portais au Laos. La pierre n'avait qu'une faible valeur intrinsèque, mais c'était un objet de fantaisie charmant. Lors de mon voyage de Calcutta à Suez, un gentleman qui se trouvait sur le même bateau à vapeur que moi me l'eut achetée bien cher..... Au commencement de l'année dernière (1864), — j'étais à Milan, — la pierre branlait un peu dans son logement. Je remis la bague à un joaillier afin qu'il resserrât le chaton. Cet imbécile n'eut-il pas la maladresse de soumettre la pierre à l'action du chalumeau en même temps que la monture !..... Je me suis défait de cette bague, contrarié de ce qu'elle était devenue aussi terne qu'un morceau de verre dépoli. . . . .

. . . .

Je fis à ces deux pauvres femmes des adieux pleins d'effusion.

Et maintenant, veut-on savoir au juste mon opinion sur le compte du juge de Ngnyoungôo ?... Eh bien ! je soupçonne véhémentement le digne homme d'avoir noyé les capsules du Laos ; en outre, je le crois bien capable de m'avoir envoyé à la chasse au nélicourvi, sur le lac volcanique, dans l'espoir que nous n'en reviendrions ni mes gens, ni le Laos, ni le baron, ni moi... Qu'on ne m'objecte pas la présence des rameurs. Est-ce qu'un chef s'inquiète, dans ce pays, des individus appartenant à cette classe ! Deux rameurs de perdus, cent de retrouvés... Du reste, voici, selon moi, les motifs de sa conduite :

1° Il n'aurait pas été fâché, probablement, de s'approprier nos armes si nous eussions péri, de même qu'il s'appropria plus tard les dépouilles du Laos, y compris le fusil qui venait de moi...

2° Par un effet de la dissimulation de son caractère, il ne s'opposait jamais ouvertement aux

volontés de son épouse, mais il s'y prenait de façon à faire avorter tous ses projets. Elle avait
protégé le Laos, il devait chercher à lui nuire ;
elle prêta la main au mariage de ce jeune homme
avec leur fille, il dut s'appliquer à le rompre...

3° Rien ne l'obligeait d'accorder la liberté au
Laos ; toutefois, en l'affranchissant, il rehaussait
le service que celui-ci lui avait rendu et indiquait par là qu'il ne se croyait tenu à aucune reconnaissance envers moi...

4° Sa femme m'ayant témoigné sa gratitude
d'une manière un peu démonstrative, cela suffisait pour qu'il me prît en haine...

Un dernier mot à ce sujet.

Attendu que mes appréciations sont peut-être
erronnées, attendu qu'il se pourrait que mes
soupçons fussent dénués de fondement : j'engage
le lecteur à ne pas prendre trop au pied de la
lettre ce que j'ai dit de mon *bon ami*, le juge de
Ngnyoungôo, ou mieux à ne pas généraliser un
type idéalisé d'après mes impressions personnelles. Je m'en voudrais de laisser croire qu'en
Birmanie les bêtes féroces soient aussi communes
au sein des habitations que dans les forêts ou
parmi les jongles. Cependant l'astuce, la cu-
pidité, la vengeance, la cruauté, sont des pen-
chants plus prononcés chez les nations soumises
au despotisme que chez les peuples libres et ci-
vilisés. Lorsque tout dépend du caprice et non
des lois, il n'est pas rare que la fortune, le sort,

la vie même des personnes ne tiennent qu'à un fil !. . . . .

Mais revenons à la chasse au tigre, ne serait-ce que pour tracer à grands traits les règles générales de ce noble exercice.

DIFFÉRENTES ESPÈCES DE TIGRES. — DISPOSITIONS GÉNÉRALES A PRENDRE POUR LA CHASSE AU TIGRE. — CONSEILS A MM. LES AMATEURS.

L'Inde, l'Indo-Chine et le vaste archipel indien possèdent la plupart des variétés du sous-genre de la race féline connu sous le nom de TIGRE. Les plus répandues dans ces contrées sont : le tigre-royal, la panthère, le léopard, le guépard et le chat-tigre.

La première de ces espèces, est la plus redoutable et la moins commune. Le dernière est celle qui commet le plus de ravages parmi les petits quadrupèdes.

La panthère est moins terrible que le tigre-royal ; cependant la différence est parfois peu sensible ; en outre la panthère se reproduit davantage. Même observation pour le léopard.

Le guépard, d'une taille plus élevée, est encore plus agile, quoique moins robuste que la panthère. Son naturel est moins farouche ; il se laisse apprivoiser. On le dresse alors à chasser le cerf, le sanglier, le buffle sauvage et les antilopes ou gazelles. Il poursuit les singes, en grimpant de branche en branche. Dans l'Arakan, le Pégu, la presqu'île malaise et aux îles de l'archipel indien, on s'en sert pour prendre le *zibeth,* espèce de civette fort recherchée des indigènes, surtout des Malais, à cause de certaine liqueur noirâtre qui se condense au fond d'une poche, ou vessie, placée sous le ventre de l'animal. Cette sécrétion, une fois concrétée, devient un aphrodisiaque très-actif. Les fumeurs, — hommes et femmes, — la font entrer dans la préparation du *goudauck;* les autres la mêlent à la poudre de *karry,* condiment obligé de presque tous les mets du pays.

La chasse au moyen du guépard, pour auxiliaire, ne saurait avoir lieu si les chasseurs n'é-aient à cheval ou montés sur des éléphants. Elle a de l'analogie avec celle où le lévrier remplit le principal rôle; mais elle est beaucoup plus émouvante et beaucoup plus périlleuse. La cage du guépard se place, soit sur un éléphant, soit sur un petit chariot. Si on veut suivre ce limier d'un nouveau genre, après qu'il a été lâché; si on veut le voir se précipiter sur sa proie, on court le risque de se briser le crâne contre les troncs d'arbre, de rester accroché aux buissons des jongles (1), ou d'être précipité au fond d'un ravin !...

____

(1) Les Anglais écrivent *jungles.* Je crois l'ortho-

Un riche Babou me conduisit deux fois à la chasse du guépard. La première, aux environs de Dacca, entre le Gange et le Burampoutre; je revins avec des vêtements en lambeaux. La seconde, dans le Tipérari, près de Silhet; mon cheval broncha contre une racine d'arbre et roula sur le sol... On me rapporta en palanquin. J'en fus quitte pour une entorse et trois semaines d'un repos absolu. Cet accident refroidit singulièrement ma curiosité. Cependant j'assistai avec plaisir, dans une autre occasion, à une joûte qui eut lieu entre un jeune guépard apprivoisé et des macaques, aux abords d'une forêt située à peu de distance du cantonnement militaire de Myaoung (province de Henzédah, Pégu).

Le guépard s'aventurait comme un chat jusqu'à l'extrémité des grosses branches... Le quadrumane, le voyant approcher, s'acrochait à une autre branche. Le guépard imitait sa manœuvre. Nous renonçons à dépeindre les grimaces, les cris, les contorsions que faisaient, l'un après l'autre, ces pauvres singes au moment de tomber au pouvoir de leur ennemi. Celui ci les assommait d'un coup de patte, ou bien les étouffait entre ses griffes, ou bien, encore, il les étranglait en les mordant à la nuque afin d'éviter leurs

---

graphe que j'ai adoptée plus conforme au génie de notre langue.

incisives; puis il les faisait dégringoler du haut de l'arbre. A la fin, une branche vint à se rompre sous ce doublé fardeau, à peu près à quarante pieds de hauteur. Le singe eut un bras et une cuisse cassés; il resta sur le carreau. Le guépard, dans sa chute, tournoya sur lui-même en essayant de se rattraper à quelque branchage, mais son poids l'entraîna. On l'aurait crû mort. Au bout d'un instant, les gémissements du blessé le rappelèrent à lui. Il se précipita sur le macaque et le mit en pièces!

Le léopard est moius commun que la panthère sur le continent indien ; mais on le retrouve en plus grande quantité dans l'Inde trangangétique et sur une partie des îles de l'archipel malais. Dans ces parages, les naturels pratiquent un divertissement public appelé *Rampoc*, qui n'est autre chose qu'un combat de tigres... J'ai eu, par extraordinaire, occasion de voir un de ces combats à Calcutta. Je le décrirai ailleurs.

Les mœurs du léopard sont analogues à celles de la panthère. Ces deux variétés, si voisines l'une de l'autre, ne diffèrent que par le nombre des bandes, la grandeur et la disposition des taches disséminées sur leur pelage tantôt plus ou moins fauve, tantôt se rapprochant plus ou moins de la couleur blanc-terne. Il n'est donc pas étonnant que le traducteur des VOYAGES ET CHASSES DANS

L'Himalaya ait employé le mot léopard et non celui de panthère.

Le tigre-royal est doué d'une souplesse de reins, d'une puissance de mâchoires et d'une force de membres prodigieuses. Il lutte sans beaucoup de désavantage, — parfois avec succès, — contre le lion. Il terrasse le buffle. L'éléphant le redoute. Un fait notoire, c'est que le rugissement du tigre, de même que celui du lion, agite, perturbe, consterne tous les autres animaux, y compris l'é-léphant.

Afin d'éviter l'emploi de trop de termes, nous désignerons par la dénomination générique de *tigre* : et le tigre royal, et le guépard, et la panthère, et le léopard.

Le tigre a-t-il rencontré un canton où le butin lui soit facile, il s'installe à proximité, soit dans les cultures, soit au milieu des jongles ou d'un bois, soit parmi les hautes herbes, les rotangs, les bambous et les roseaux qui bordent les cours d'eau ou les étangs... Il sort pour chercher sa proie, il rentre pour la digérer.

Ce qui rend le tigre si dangereux, c'est la facilité avec laquelle il franchit les fossés, les enclos, les palissades.

Le gouvernement anglais a fait élever sur les rives de l'Hoogly, non loin de l'embouchure du fleuve dans le golfe du Bengale, une vaste tour destinée à signaler les navires en vue... Cette tour n'a pas de porte. L'entrée consiste en une large ouverture pratiquée à dix-huit ou vingt pieds au-dessus du sol. On y pénètre au moyen d'une échelle. Aux approches de la nuit, on tire l'échelle en dedans et on ferme l'ouverture à l'aide de panneaux qui se meuvent sur des coulisseaux, ou rainures...

Vers 1858, — à quelques années près, — la direction dudit télégraphe était confiée à un ancien capitaine marin qui se faisait assister de ses deux fils, tous les deux mariés et chargés de famille. Tout ce monde habitait là... Un soir, on retira bien l'échelle, mais on oublia de fermer les panneaux. Le lendemain, le télégraphe resta muet. Sur un ordre émané de l'autorité supérieure, à Calcutta, et transmis au chef du poste le plus voisin du télégraphe dont il s'agit, on escalada la tour... Le plus affreux spectacle s'offrit aux yeux des nouveaux venus. Une douzaine de personnes, — hommes, femmes et enfants, — avaient été surprises pendant leur sommeil et dévorées par des tigres qui étaient parvenus à s'introduire dans la tour en franchissant cette hauteur, de dix-huit à vingt pieds, que nous avons indiquée !...

Les jeunes panthères ont une audace incroyable... J'étais allé visiter une pagode aux environs d'un village, non loin des rives de l'Irraouady. Un bois de palmiers-lataniers s'étendait parallèlement à la route, mais à cent cinquante ou deux cents pas de distance. Un ami se trouvait avec moi, ainsi que Joseph, mon domestique. J'avais

emmené deux petits épagneuls, mâle et fe-
melle, frère et sœur : M. Mouton et Mlle Miss...
Celle-ci était très-joueuse. Chemin faisant, elle
agaçait Mouton et tournait autour de lui en courant... Mon ami me fit remarquer une jeune
panthère qui suivait attentivement tous les mouvements de mes chiens. De temps à autre elle
faisait quelques bonds en avant, de même que
si elle eût eu l'intention de fondre sur Miss ; puis
elle retournait à la lisière du bois.

Quand elle s'approchait trop, nous lui tirions
un coup de revolver. Le projectile ne pouvait
l'atteindre ; l'explosion l'effrayait et la forçait de
reculer... Ce manége dura un bon moment...
Vexé de brûler des cartouches inutilement, j'envoyai Joseph chercher ma carabine au bateau. A
son retour, je blessai mortellement la panthère...
Chose étrange ! malgré la quantité de sang qu'elle
perdait, elle tenta, lorsque nous arrivâmes près
d'elle, de se jeter sur Miss. Celle-ci voulait en
faire autant de son côté. Joseph eut beaucoup de
peine à la contenir. Mon ami et moi, nous ache-
vâmes la panthère à coups de revolver. Elle devait avoir à peu près un an. Des taches noires, en
forme de rosaces, commençaient à se dessiner
sur son pelage fauve...

On fait, aux diverses espèces de tigres, une
guerre à outrance. On les chasse au piége, au filet,
à la fosse basse, en battue, avec des chevaux et
des éléphants. Les chasses en nombre ne sont pas

de mon goût. On se gêne, on effraie la bête féroce, elle s'échappe, ou bien on court le risque
d'être victime soi-même de la maladresse de l'un
des chasseurs. Les seules chasses qui me plaisent
sont l'embuscade et l'attaque de vive force. On
attend le tigre au passage, ou bien on le cherche;
on tâche de le surprendre, ou bien on marche ré-
solûment sur lui et on affronte le danger.

Le tigre est-il sanguinaire par tempérament
ou par nécessité? Est-ce à la nature ou aux circonstances qu'il doit sa cruauté ? La question est
assez difficile à résoudre. Messieurs les naturalistes
ont fait des dissertations magnifiques à ce sujet...
Je crois que ceux d'entre eux qui ont écrit les
pages les plus éloquentes n'avaient jamais vu un
tigre en liberté. Cela me rappelle l'expression fa-
vorite de M. Ferulus, mon professeur de huitième : « *Doctus cum libro...* »

Les uns prétendent que le tigre est possédé
d'un besoin insatiable de répandre le sang. Les
autres ont traité d'erreurs et d'exagérations tous
ce qui a été dit touchant ses instincts bassement
cruels et sa férocité sans but... Selon nous, la vérité se trouve entre ces deux opinions extrêmes...
Et d'abord, nous dirons que la cruauté du tigre
a toujours un but : celui de se défaire de son ennemi. Or tous les hommes sont ses ennemis,
puisque partout ils le pourchassent...

Chez le tigre, les instincts de la race féline se
déploient dans toute leur énergie. Il possède la

méticuleuse circonspection, la finesse et l'irrita-
bilité perfide du chat. En admettant qu'il ne fût
porté à satisfaire sa cruauté que lorsque la faim
agit sur lui : attendu qu'il est très-méfiant, attendu qu'il sait parfaitement qu'on lui donne la
chasse dès qu'on l'aperçoit ; par ces motifs, le
soin de sa propre conservation le porte à immo-
ler l'homme.

Le tigre n'est pas seulement carnivore, il est
carnassier. Est-ce la saveur ou bien l'odeur du sang
qui lui plait? Nous l'ignorons ; mais nous avons
remarqué qu'il se jette de préférence sur les
morceaux de viande les plus saignants. Il est
plus glouton que le lion, il mange davantage, il
digère plus vite, de sorte qu'il ressent plus fréquemment les atteintes de la faim. Néanmoins,
dans les ménageries, on pousse davantage de
nourriture le lion que le tigre, parce que le premier est plus majestueux et qu'il produit à l'ex-
hibition un meilleur effet sur le public... Disons
aussi que le tigre, en captivité, est sujet à l'inflammation des intestins lorsqu'on lui donne une
nourriture trop abondante ou trop succulente.

On ne doit pas perdre de vue que l'espèce du
tigre est beaucoup plus nombreuse que celle du
lion ; en outre la première habite les parages fré-
quentés par l'homme, tandis que la seconde se retire au désert ou se choisit une retraite dans les
endroits les mieux abrités, les plus inaccessibles ;
ce qui ne veut pas dire, loin de là, que le lion

n'exerce jamais de ravage parmi les troupeaux à une faible distance des habitations. Ces particularités influent nécessairement sur le caractère respectif des deux espèces d'animaux dont nous nous entretenons ici.

En présence de l'homme, le lion ne se cache pas; s'il n'attaque pas toujours le premier, du moins il prend rarement la fuite sans combattre. Le tigre, au contraire, cherche à surprendre son ennemi. S'il juge que le péril soit imminent pour lui, son premier mouvement sera de songer à fuir; mais, pressé par la faim ou irrité par quelque blessure, il vend chèrement sa vie. . . . .

Passons, enfin, aux armes.

Que les chasseurs de montagne adoptent, pour chasser l'isard, le chamois, le cerf, le yack, l'aigle, le vautour et l'*eider*; qu'ils adoptent, disons-nous, le petit calibre et les carabines à très-longue portée, rien de mieux. Qu'il en soit de même par rapport aux tirs fédéraux ou pour certains corps de tirailleurs destinés à défendre les approches d'une ville de guerre et le passage d'un défilé, nous le concédons volontiers. Par contre, nous affirmons qu'il faut beaucoup de poudre et beaucoup de plomb pour chasser le tigre. Cet animal a des os, des tendons et des organes qui offrent plus de résistance que ceux de l'homme, des oiseaux de proie et des bêtes fauves. Je propose donc la carabine double, calibre de dix-huit millimètres, avec balle cylindro-conique, légèrement forée à l'arrière.

Crosse, grasse... Bois, de fil et bien nourri. Évitez les bois de luxe, dits *ronceux* ou *mouchetés*... Poignée ovalaire, avec quadrillé à grain d'orge nettement découpé, afin que l'arme ne puisse tourner dans la main droite lorsqu'on veut croiser la baïonnette. Par la même raison, il faut que le fût accompagne les canons de telle sorte qu'on ait du bois dans la main gauche au mouvement précité... La première enture sera quadrillée comme la poignée.

L'arme à culasse mobile serait avantageuse, eu égard à la rapidité de son chargement. Toutefois il importe de se montrer très-rigoureux dans le choix de l'une de ces carabines. On doit veiller à ce que la fermeture s'opère avec précision. La clef ne devra pas balloter. On exigera que la cuvette et toutes les autres pièces de la bascule soient en fer forgé, non en fonte malléable, ce qui a lieu le plus souvent.

Les canons seront étoffés et, autant que possible, soudés à l'étain. Leur longueur sera de soixante-dix à soixante-quinze centimètres. S'ils étaient plus longs, l'arme cesserait d'être maniable. En forêt ou parmi les jongles, une arme longue est fort dangereuse ; cela pourrait coûter bien cher au chasseur !...

Je voudrais que la carabine n'eût pas de visière. Le guidon et le cran de mire seraient aussi bas que possible. Adoptez la bande creuse, étroite, bien évidée, pourvu qu'elle reste dans les conditions de solidité voulues. Faites régler votre arme de telle sorte que le but-en-blanc soit plutôt en deçà qu'au delà de cent mètres. Habituez-vous à bien calculer les distances, à mettre vivement à l'enjoue, et sachez, selon la circonstance, à combien de centimètres vous devez viser au-dessous du but-en-blanc. En effet, on ne doit pas s'amuser à tirailler avec le tigre. Il faut que chaque coup porte. Aussi, je défends de tirer à plus de cinquante mètres, à moins que la bête féroce ne prenne la fuite...

Il est bon que le chasseur s'habitue à tirer vite et bien en ayant la baïonnette au bout du canon, car le tigre a des mouvements si rapides, il exerce une telle fascination, qu'on ne serait guère en mesure de croiser la baïonnette à moins de s'y être pris à l'avance.

Chaque chasseur aura un revolver de gros calibre et un poignard.

Longueur du poignard : vingt-cinq centimètres ; largeur, cinq centimètres ; épaisseur, de sept à huit millimètres. Forme : langue de carpe, très-affilée, à gouttière dans le sens de l'axe. Poignée unie, avec croisette, tête de calotte et rainure à ressort, afin que l'arme puisse se fixer au bout de la carabine, en guise de baïonnette.

Une chose indispensable, c'est que la carabine et le poignard soient capables de résister à l'élan du tigre lorsqu'il se précipite sur le chasseur.

Deux poignards valent mieux qu'un seul. L'un est destiné à la carabine ; l'autre vous sert en cas de miséricorde....

Il est impossible d'indiquer d'une manière formelle la distance à laquelle on devra tirer, ainsi que le moment précis de faire feu.

Si on est plusieurs : les premiers tireront à quarante ou cinquante pas ; les seconds, à vingt ou vingt-cinq pas ; les derniers, de dix à quinze pas... Aussitôt qu'on aura tiré, on rechargera vivement son arme ; ou bien on s'apprêtera à croiser la baïonnette ; ou bien, encore, on saisira son revolver, d'une main, et son poignard de l'autre, selon le cas.

N'approchez jamais l'animal de trop près, — fût-il abattu, — avant de vous être assuré qu'il soit mort ; et gardez-vous bien d'appuyer le bout du canon contre une partie quelconque de son corps au moment de lâcher la détente.

Le tigre a le front fuyant et les os du crâne fort durs. J'ai reconnu, par moi-même, qu'il valait mieux, si on l'aperçoit de face, tirer en pleine poitrine que de l'ajuster au front, parce qu'il se pourrait que le projectile glissât sur l'os frontal.

Lorsque la bête se présente par le travers, la tête la première, le chasseur résiste difficilement à l'envie de tirer à la tête. Pour se hasarder à ce coup là, il faut qu'il puisse compter, et sur son arme, et sur son adresse, et sur son sang-froid. Il devra viser, alors, un peu au-dessous de l'oreille; c'est la partie la plus plate et la moins résistante. Quant à moi, je préfère tirer à la naissance des côtes. Si le projectile porte à gauche, il casse l'épaule du tigre ; au but, il atteint le cœur ; à droite, il traverse l'un des organes dont se compose l'appareil respiratoire.

Lorsque le train de derrière se présente par le travers, on doit viser à l'articulation. Au pis aller, on toucherait au flanc ou au gras de la cuisse.

Quand l'animal fuit devant vous, logez-lui vos projectiles où vous pourrez, mais assurez bien votre coup et ne tirez pas trop précipitamment.

A la chasse aux bêtes féroces, l'imprévu joue un rôle fort important. Le chasseur surpris par un tigre doit faire appel à sa présence d'esprit, se camper fièrement et ne prendre conseil que de son courage. Qu'il ne l'oublie pas, surtout : la fuite, c'est la mort !.....

On doit avoir de la chaussure bien souple, large et solide. Même recommandation en ce qui concerne l'habillement. La couleur gris-terne est la meilleure, parce qu'elle est moins voyante que les autres. Le rouge éveille de fort loin l'attention de toute espèce de gros gibier, à poil ou à plume, et lui fait prendre la fuite ; de près, il irrite les bêtes féroces et vous signale à leur fureur.

On évitera les longues marches et la trop

grande fatigue. On ne doit pas être à jeun ; de même, on s'abstiendra des boissons alcooliques. A ce genre de chasse, pas de fausse exaltation ; beaucoup de calme, de présence d'esprit, et ne tournez jamais le dos à la bête féroce : attendez-la de pied ferme au lieu de fuir.

J'ai préconisé la balle cylindro-conique ; par contre j'interdis l'emploi de celle à tronc conique. Ce projectile offre peut-être un avantage au tir de bataille ; mais il est insuffisant pour la chasse aux animaux féroces, parce que son intersection plane lui ôte une partie de la force de pénétration nécessaire.

Quelques chasseurs en renom ont mis à la mode la balle à pointe d'acier. Nous ne nierons pas que l'on ne puisse obtenir de fort beaux coups avec ce projectile, à la chasse du crocodile, de l'éléphant, de l'hippopotame, etc. ; cependant nous soutenons qu'il est possible d'obtenir, à la chasse au tigre ou au lion, une pénétration suffisante au moyen de la balle cylindro-conique, en plomb, lorsqu'on est parvenu à déterminer une proportion rationnelle entre la charge de poudre, le poids et la longueur du projectile, l'arme elle-même étant bien établie et bien étudiée...

La pesanteur spécifique de l'acier est moindre que celle du plomb. Cette différence n'est-elle pas susceptible de perturber le mouvement gyratoire ? En second lieu : quelle que soit la manière dont la pointe soit fixée au lingot, — par

une vis, à l'aide d'une tige, ou par une agrafe ; —
comme le plomb est un métal très-fusible, très-
ductile, ne pourrait-il pas arriver que l'adhérence intime qui doit exister entre les deux
parties du projectile ne fût compromise, d'où la
déviation de la balle ?... Que cet inconvénient se
produise rarement, très-rarement : d'accord ! mais
pourquoi s'y exposer !...

La carabine *à balle foudroyante,* système De-
visme, est précieuse pour le genre de chasse dont
nous nous occupons. On peut tuer ainsi l'animal
du premier coup. Néanmoins, je ne conseille-
rais jamais à quelqu'un de s'aventurer seul à la
chasse au tigre s'il n'avait que cette arme à sa
disposition.

On ne saurait trop le répéter aux chasseurs :
— Ayez du calme, de la prudence, de bonnes armes, soyez attentifs, ne buvez pas, ne vous fati-
guez pas, soyez confiants en vous-mêmes ; et,
principalement, choisissez bien vos compagnons
de chasse.

Je ne terminerai pas cette notice sans porter à
la connaissance du lecteur certaine particularité
qui mérite de lui être signalée.

MM. Michel Lévy frères, libraires-éditeurs, à
Paris, publièrent en 1862 un livre intitulé : *Voyages et Chasses dans l'Himalaya,* qu'ils ont attribué
à Jules Gérard, le tueur de lions (*sic*)..... Le récit
a lieu à la première personne : *je, moi,* ou bien

nous. Le narrateur y déclare avoir occupé des fonctions importantes dans l'Inde. Or, Jules Gérard n'ayant jamais mis les pieds sur le continent indien, le livre dont il s'agit n'est que la traduction d'un ouvrage anglais. En conséquence nous prions MM. Michel Lévy frères de nous dire pourquoi ils n'ont nullement fait mention du véritable auteur, pourquoi ils l'ont privé de la gloire qui lui est due, pourquoi ils ont fait jouer à Jules Gérard le rôle *du geai paré des plumes du paon ?...* Cette manœuvre est-elle honorable, loyale et digne d'une maison qui se respecte un tant soit peu ?... Est-il permis d'induire ainsi le public en erreur ? A-t-on le droit de causer à un écrivain un préjudice moral de cette nature ? Si nous tenons à ce que les Anglais soient justes envers nous, soyons équitables envers eux... Les éditeurs belges, aux beaux jours de la contrefaçon, n'auraient osé en faire autant.

Pour rester dans le vrai, nous ajouterons que les *Voyages et Chasses dans l'Himalaya* contiennent une foule de détails curieux et intéressants...

LE CHEVAL BIRMAN

[illegible]

LE CHEVAL BIRMAN

LA RACE CHEVALINE BIRMANE

UTILITÉ DE SON CROISEMENT AVEC NOS RACES NAVARRINES ET NORMANDES

I

Le roman s'en va ; c'est un peu de la faute des romanciers... Ils en ont abusé.

Le siècle, devenu positif, réaliste, exige des faits, vrais, utiles. Cette tendance aurait dû mettre à la mode les récits de voyages. Par malheur, le Français voyage peu et n'observe guère, si ce n'est à son point de vue personnel. Ainsi, à part certaines relations d'un mince intérêt, on en est réduit à des traductions ou à des compilations extraites de vieux livres. Que l'on y apportât les soins voulus, l'attention nécessaire, passe encore ; il n'y aurait que demi-mal, mais tout cela se bâcle à la légère, à *grande vitesse ;* aussi voit-on les erreurs s'y étaler complaisamment à chaque page.

Un ouvrage anglais : The Horse (*le cheval*), traduit en français par M. H. Cluseret, nous dit, à la page 90 : — « Les chevaux chinois sont petits, « mal faits, faibles, sans énergie. Dans cet immense empire, l'emploi du cheval est de peu « d'importance... » Comment ! le cheval serait peu prisé dans un pays dont la conquête a été faite deux fois par les Tartares : la première, par les Mongols ; la seconde, par les Mantchoux ; peuplades composées, l'une et l'autre, presque uniquement de cavaliers !

En Chine, la population surabonde dans les provinces situées près de la mer ou dans l'intérieur de l'empire. On s'y occupe d'industrie, de commerce, d'agriculture. Le sol suffit à peine à nourrir les habitants. Le labourage et les transports s'effectuent à l'aide de bœufs, de chameaux et de yacks. On recherche donc fort peu le cheval ; on le néglige même... Par contre, dans les provinces limitrophes du Cambodge, de l'Annam, du Siam, de la Birmanie, du Laos, du Boutan, de la Tartarie indépendante et de la Sibérie, on entretient des corps nombreux de Tartares dont les chevaux sont excellents, sinon d'une grande beauté.

Dans la province de Koei-Tchéou, adjacente

aux montagnes du Boutan, il y a une espèce de chevaux qui se vendent assez cher. Ils sont d'une intrépidité sans égale, ils ne bronchent jamais, ils descendent au grand galop les rampes les plus rapides ; néanmoins, comme on n'a pas l'habitude de les ferrer, les services qu'ils rendent sont de peu de durée... Dès que ces animaux ont le pied en mauvais état, on les mange !... Avis à nos hippophages !...

Si les Chinois n'ont aucune aptitude aux exercices du manége, s'ils ne se sont nullement appliqués à l'élève du cheval et qu'ils se bornent à le dompter en le mutilant horriblement ; enfin s'ils se sont peu adonnés à l'amélioration de la race chevaline par le croisement des chevaux du pays avec ceux des Tartares, il est cependant impossible d'admettre que les deux invasions précitées, que les rapports qui subsistent entre ces peuples et que l'entretien des corps de cavalerie dont nous venons de parler n'aient exercé aucune influence sur l'espèce indigène. Nous avons eu occasion de voir par nous-même, dans la province de Yunan, des élèves qui provenaient d'accouplements mixtes. Ces produits, quoiqu'ils fussent obtenus sans discernement, n'étaient pas précisément à dédaigner... Le jugement du *The Horse* est donc entaché d'erreur. Il a été formulé d'une façon trop exclusive. Dans la plupart des provinces de l'empire, les chevaux sont tartares et non chinois...

II

A la mort du fameux Gengis-Kan, survenue en
1227, son neveu le prince Koublay, fondateur de
la dynastie mongolo-chinoise, paracheva la conquête du Céleste-Empire. Durant le règne de son
successeur, vers 1296, les Tartares envahirent
l'Indo-Chine... Tandis qu'une division pénétrait
par le Sud dans le Siam, lé Cambodge et la Cochinchine, un autre détachement s'avançait vers
la Birmanie, par la province de Yunan, et fran-
chissait les vastes solitudes occupées par diverses
tribus autochthones : les Shans, les Laos, les
Mutzas, les Karens, les Syngphoos...

Voilà donc deux armées en marche, sans compter celle, non moins forte, non moins redoutable
que les deux autres, à laquelle était dévolu le
soin de contenir dans l'obéissance le Céleste-
Empire lui-même, nouvellement conquis... Eh
bien ! vous imagineriez-vous, ô lecteur, à combien se montait le corps d'armée qui fut dirigé
sur la Birmanie ? Le journal l'*Illustration*, — numéro du 2 janvier 1864, — vous l'apprendra par
l'organe de M. Depping : « 26 *millions de fantas-*
« *sins, et 6 millions de chevaux...* » Pas un homme,
pas un cheval de moins ; c'est-à-dire, 26 millions
de soldats et 6 millions de chevaux pour l'une
des trois armées ; soit pour l'ensemble des trou-

pes sur le pied de guerre, approximativement 78 millions d'hommes et 18 millions de chevaux !... Est-ce drolatique ?...

Traitée de cette manière, l'histoire ne vaut pas le roman; elle est moins gaie, moins attachante, tout aussi menteuse, sans avoir pour elle l'excuse de la fantaisie... M. Depping n'est pas en cause. Il s'appuie, dit-il, sur des chroniques. Donc cette observation ne le regarde pas; elle s'adresse aux chroniqueurs...

Les Tartares s'emparèrent du bassin central de l'Irraouady. Ils y fondèrent un empire dont Paghan-Myôo fut la capitale. Leur domination dura plus d'un siècle; puis ils furent expulsés.

Que la nation birmane, circonscrite aujourd'hui à la même étendue de terrain, — le bassin central de l'Irraouady, — et dont la population totale est réduite à 5 ou 6 millions d'âmes, au plus, par suite des envahissements successifs de l'Angleterre, ne conserve dans la conformation physique de ses individus que des traces imperceptibles du passage des Mongols : cela peut s'expliquer par la haine dont les femmes birmanes étaient sans doute animées envers ces farouches étrangers; en outre, la majeure partie des habitants durent abandonner leurs foyers et se retirer dans les jongles ou au désert.... Mais comment expliquer ce fait singulier, à savoir que la race chevaline birmane, dont l'effectif ne dépasse assurément pas 50,000 têtes, soit essentiellement différente de la race chevaline tartare?...

Je vous le jure! le cheval birman n'a aucun des éléments caractéristiques, aucun des traits signalétiques du cheval tartare... Seulement il existe au pays des Shans et des Laos, tributaires de l'empire birman, vers les confins de la Chine, du Cambodge et de la Birmanie, au sein des solitudes boisées qui s'étendent entre la rivière de Salouein et celle de Makhoung, — en chinois : le *Loo-Kyang* et le *Luntsang-Kyang;* — il existe, disons-nous, une variété de petits chevaux, vivant à l'état sauvage, dont l'espèce provient probablement des débris de l'armée tartare... Je leur ai fait la chasse; je dois les connaître....

De ce qui précède, nous tirerons les déductions suivantes :

1° Les éléphants étaient, jadis, très-communs en Birmanie, de sorte que l'espèce chevaline y était peu recherchée.

2° Les chevaux ont dû se multiplier en proportion directe du décroissement des pachydermes.

3° Les 6 millions de chevaux du chroniqueur dont parle M. Depping ne devaient pas se monter à plus de 60,000, ce qui est déjà un chiffre assez rond... Deux zéros de plus ou de moins : qu'importe pour ces Messieurs !.....

4° Quant au nombre total des combattants, ce serait s'amuser à une niaiserie que de le discuter...

III

Les bons chevaux sont rares dans cette partie de la Basse-Birmanie à laquelle on a donné improprement le nom de Bas-Pégu ; de plus, ils n'en sont pas originaires. Le sol, très-souvent inondé, est trop marécageux. Tout le rivage de la mer, depuis l'Arakan jusqu'au Ténass rim, se trouve dans le même cas. Les chevaux passables qui se vendent sur la place de Rangoon proviennent du Haut-Pégu. Les rosses attelées aux voitures de louage sont expédiées de la presqu'île malaise ou de l'île de Sumatra... On ne commence à rencontrer le véritable cheval birman qu'au-dessus de Henzédah, au sortir du delta formé par les innombrables branches de l'Irraouady, après avoir atteint les terrains secs... Plus on avance vers le Nord, plus la race s'améliore, jusqu'à Mandalay...

En Birmanie, l'éléphant est la monture des grands personnages. Le char antique, véhicule destiné aux faibles parcours, est traîné par des bœufs ou par des buffles. Ces animaux servent également à l'agriculture. Les rivières sont les seules voies de communication un peu fréquentées. Le cheval est donc un pur objet de luxe quand il n'est pas enrégimenté ou qu'il n'appartient pas à certains industriels nomades.

On aperçoit fort peu de personnes à cheval le long des routes, hormis quelques chefs de district se rendant à la capitale avec leur escorte, ou bien des marchands et des marchandes qui trafiquent aux bazars des villes commerçantes. Ces femmes se tiennent crânement à califourchon. Il est assez plaisant de les voir cheminer ainsi, à l'amble allongé. Leur jupe — le *tamein*, — étant fort étroite et ouverte sur le devant ou sur le côté, dans toute sa longueur, elles sont obligées d'avoir des caleçons, usage tout à fait contraire aux habitudes nationales. Ce sont des maîtresses femmes, ces gaillardes-là !... Elles portent réellement la culotte...

Les gouverneurs des provinces sont chargés d'entretenir, chacun pour leur compte, un certain nombre de chevaux affectés au service militaire. Un *ataoun* — ministre de 3e classe, — est préposé à la direction d'un haras de remonte dont l'emplacement est éloigné de plusieurs journées de marche de la capitale. L'organisation et l'administration de cet établissement laissent beaucoup à désirer... Je gagerais volontiers que l'effectif *réel* de la cavalerie birmane ne se monte pas à 5,000 chevaux...

Il est fâcheux que l'on n'ait pas apporté plus de soins, que l'on n'ait pas déployé plus de sollicitude, de zèle, à l'élève du cheval birman. Cet animal est doué de qualités remarquables, tandis que ses défauts sont susceptibles d'une atténuation graduelle. Il réunit le fond et la forme, c'est-à-dire : la santé, la sobriété, la vigueur, la fierté, la beauté, la douceur, conditions dont l'ensemble est fort rare partout. On pourrait donc en tirer parti, en Europe, pour le service de la cavalerie légère, et l'utiliser comme poney de dames, cheval de ferme, de breck, de tilbury, de cabriolet, etc. Toutefois, je dois le dire pour rester dans le vrai : un beau cheval birman nous cause, au premier aspect, à nous Européens, plus de surprise que d'admiration; mais cette impression se modifie bientôt.

Si le cheval birman n'offre aucun point de rapprochement avec le cheval tartare, maigre, sec, efflanqué, il ne ressemble guère plus aux diverses espèces originaires de l'Hindoustan ou à celles issues, dans l'Inde, de croisements successifs avec les chevaux arabes et persans. Quoique cela, il a certains défauts, il possède certaines qualités de la plupart de ces espèces.

Il est bien membré, ses articulations sont fermement attachées, il a la tête volumineuse comme *l'Iranée;* mais ses oreilles sont droites au lieu d'être pendantes, et il a plus de stimulant, plus d'émulation....

De même que le *Toorky,* issu du persan et du turcoman, il semble parfois animé, aux yeux du spectateur, d'une sorte d'emportement furieux; malgré cela ses mouvements de tête ont de la grâce, son port est majestueux, il est, lui-même,

10.

caressant, reconnaissant, et il conserve toujours de la docilité envers son cavalier. Il ne rue et ne se cabre presque jamais. Le tibia, chez lui, n'est ni faible ni trop long, défaut ordinaire du toorky.

Il n'est ni irritable, ni obstiné, ni ensellé — manquant de force vers les reins, — comme le *Tazsée;* par contre ses jambes de derrière sont mal placées; elles ont l'air de traîner, comme celles du tazsée.

Il n'a ni la taille, ni la finesse, ni l'exquise distinction des chevaux *mahrattes,* presque tous mêlés à l'arabe demi-sang; mais il en a la vitesse, la hardiesse et l'ardeur... Il est même conformé de manière à avoir plus de fond, plus de force, plus d'haleine, sans qu'il soit sujet au gonflement du jarret, — indice de la faiblesse de l'os au-dessous du genou, — et sans qu'il ait le ventre levretté : deux vices très-communs chez le cheval mahratte.

En somme, voici les défauts et les qualités du cheval birman :

Sa taille est petite : elle varie entre 4 pieds 3 pouces et 4 pieds 6 pouces; mais la contexture de sa charpente osseuse démontre qu'il serait facile de lui donner de la hauteur.

Ses oreilles sont un peu raides, un peu grasses, un peu proéminentes.

Il a la tête grosse, longue, carrée; les os maxillaires trop saillants; son encolure est trop charnue : tout cela au détriment de la noblesse et de la légèreté des allures de manége. En revanche, le front est large, le chanfrein droit, l'œil vif ; les salières sont profondes, bien accusées ; les naseaux, mobiles et bien ouverts ; enfin la sensibilité des barres atténue la lourdeur de la tête, sans que cette sensibilité soit assez prononcée pour le contraindre de porter au vent...

Les aplombs de l'avant-main sont d'une beauté, d'une régularité sans pareilles. Le thorax acquiert une ampleur prodigieuse, garantie des qualités de fond qui caractérisent cet animal et de la fierté qui brille dans sa tenue, même au repos... Le cou, vigoureusement musclé, — un peu trop, peut-être, — est en harmonie avec le thorax.

Jamais aucune défectuosité des muscles fléchisseurs ou extenseurs ; jamais aucune tare du genou, des paturons, de la couronne. Le pied est un peu rond, mais le sabot est pur : il ne s'écaille ni ne se fendille. La sole est excellente ; pour peu que l'on y veille, elle ne s'échauffe pas...

Sa crinière est tellement épaisse, elle pousse si dru, que l'on est obligé de la lui tailler, comme chez nous aux mulets, autrement elle serait rebelle au pli... Son poil n'est pas très-fin, pourtant il permet de distinguer les veines sous le tissu cutané.

Le garrot, parfaitement dessiné, est posé à la

hauteur convenable. Le ventre est large, bien nourri. Les côtes ont l'ouverture et le développement nécessaires.

La croupe, d'une bonne largeur, est suffisamment relevée, sans être ni tranchante ni aplatie, quoique la queue, bien fournie, d'ailleurs, soit plantée un peu trop bas.

Enfin les jambes de derrière, malgré la finesse des attaches du pied, malgré la largeur du jarret, sont cagneuses : elles nagent, elles battent du briquet, elles triqueballent.

Ce défaut est grave... Il prive l'animal de ses aplombs d'ensemble, il rend ses allures désunies, il enlève à ses mouvements une partie de leur grâce naturelle, il expose à des écarts, il finit par détériorer le pied, il fait paraître l'arrière-main étroit et grêle bien que l'ossature soit normale, bien que les muscles fessiers soient pleins, arrondis et bien recouverts.....

Si l'on parvenait à faire disparaitre ce vice de conformation, chez le cheval birman, sans amoindrir les qualités essentielles qui lui sont particulières, on obtiendrait des sujets précieux...

IV

Cette espèce est sobre, rustique. Elle exige peu de soins, elle supporte parfaitement l'intempérie des saisons : la chaleur torride du climat, les pluies torrentielles de l'hivernage, et le froid des hauts plateaux. Comme nourriture, elle se contente de ce qu'on lui donne. Elle mange tout ce qu'elle trouve : de l'herbe, du chaume, des féverolles, du maïs, de l'orge, du riz, du blé, des courges, des concombres, des écorces de melons, des épluchures de légumes, des pousses d'arbustes, des feuilles, des bourgeons d'arbrisseaux, etc.

Son entier développement musculaire a lieu dès la fin de sa quatrième année. On peut commencer à l'employer vers deux ans et demi. Ses services durent jusqu'à l'âge de treize à quatorze ans... "Je suis persuadé que, du moment où on l'élèverait à ne plus ronger les écorces d'arbres ainsi que les jeunes branches, sa tête, ses machoires, son cou perdraient de leur volume.

Certains auteurs considèrent la propension à prendre l'amble comme un indice de faiblesse. La règle n'est pas générale : à preuve, le cheval birman. Sa vigueur est incontestable, cependant il amble presque toujours.

L'amble est la première allure du poulain... Dans nos contrées, cette allure se perd vite au manége et même par l'éducation la plus vulgaire... L'amble étant plus doux, plus allongé que le trot ; les Birmans étant mauvais cavaliers et ne travaillant pas leurs chevaux ; en outre ceux-ci préférant cette allure à tout autre, à cause de la prédisposition que leurs jambes de derrière ont à s'entrechoquer, il s'ensuit que l'un et l'autre, l'homme et le cheval, s'accoutument à l'amble. Évidemment il serait aisé de faire perdre cette habitude au cheval, surtout si on réussissait, comme c'est probable, à corriger son arrière-main.

Durant mes excursions aux environs de Mandalay — capitale de la Birmanie, — et lorsque je me préoccupais de découvrir une route qui facilitât les relations avec le Sud-Sud-Ouest de la Chine, il m'arriva maintes fois de faire quinze à seize lieues dans une matinée, soit vingt à vingt-cinq dans la journée, avec un charmant poney du prix de 200 roupies... Il n'avait pas encore ses quatre ans révolus. Au retour, sa robe était aussi sèche qu'au départ ; pourtant il n'avait quitté l'amble qu'aux instants de repos. . . . .

. . . .

La selle birmane offre de l'analogie avec la selle arabe ; le pommeau affecte la forme d'un cou de cygne. Les arcades n'ayant pas assez de convexité, les panneaux étant mal rembourrés, les draps mal ajustés, le cheval se blesse souvent sur le dos ou au garrot. Les sangles sont pitoyables aussi...

Tantôt le mors est brisé, tantôt il est droit. C'est une embouchure terrible et d'un poids excessif.

Les Birmans se tiennent très-mal en selle. Ils remontent les genoux, ils serrent les jambes, s'attachent aux rênes, se cramponnent au pommeau et scient du bridon à tort et à travers, de sorte qu'ils affolent ces pauvres bêtes tout en leur gâtant la bouche.

Les escadrons de parade dits : *Réguliers*, brillent par l'excentricité, par l'irrégularité de leur tenue : habillement, armement, harnachement, équipement... Il faut se rapporter par la pensée aux temps mythologiques ou bien aux farces du carnaval d'autrefois pour se faire une idée d'un pareil accoutrement... Les cuirasses, les boucliers, les cuissards, les genouillères, les jambières, les brassards sont en bois garni de lamelles de fer et recouvert d'une peau de buffle ou d'éléphant, mal tannée, mal dédoublée, mal peinturlurée... Les casques, de même ; ils simulent une tête de dragon ou de quelque autre animal fantastique... Le cheval participe également de la mascarade. On le revêt d'un pectoral, d'un caparaçon et d'une têtière en cuir, ornés de dorures ou d'enluminures, à l'instar de nos marouflages d'ameublement... Et puis, parmi les cavaliers : les uns ont une lance, les autres un mousquet ; celui-ci passe son *dah* — coutelas national, — en bandoulière derrière le dos, à l'aide d'un cordon quelconque ; celui-là porte un arc et un carquois enjolivés de divers agréments... Sans le sérieux de la troupe, ce ne serait que risible ; mais on en lève malgré soi les épaules... Pourtant ces gens-là sont braves, très-braves !... Il ne leur manquerait que des chefs.

V

Le cheval birman perd de ses avantages typiques, avons-nous dit, quand il s'éloigne du bassin de l'Irraouady. Ce bassin se compte depuis les premiers plateaux de l'Himalaya jusqu'à la naissance du delta formé par les divers bras du fleuve. Allez vers le Munipoori, l'Arakan, le Bas-Pégu, le Siam, le Laos, le Cambodge, la Chine, le Boutan, vous ne trouverez plus cette race si fière, si rapide, si trapue, si courageuse et si douce.

La science hippique est dans l'enfance en Birmanie. L'art vétérinaire y est un peu plus avancé, mais il se pratique par routine.

Les Birmans saignent leurs chevaux beaucoup trop souvent.

Ils ne connaissent pas le séton... Le règne végétal leur fournit des sucs, concrétés ou non, à base de tannin, de morphine et de strychnine, — par exemple : l'anacardier, le vomiquier, le cachou, la fève de Saint-Ignace, l'aconit, et autres substances vénéneuses ou simplement caustiques ; — dont ils se servent pour désinfecter, cautériser, cicatriser les plaies, dissoudre les glandes, faire fondre les tumeurs, et encore pour exercer des révulsions violentes..... La morve et le farcin se déclarent rarement dans ces contrées ; les éparvins et l'insolation sont les affections morbides les plus fréquentes...

Au Siam, au Cambodge et dans la presqu'île de Malacca, le cheval est bien moins vif, moins généreux, moins corsé, moins bien conformé qu'en Birmanie ; on y reconnaît vraiment le mélange et la dégénérescence du sang tartare.

A Junckseilon, à Sumatra, sur plusieurs autres îles de l'archipel malais, les chevaux, quoique très-apauvris, dénotent encore mieux une origine tartare.

La race humaine des conquérants mongols et mantchoux a déteint sur la race chinoise. Celle-ci est la seule qui ait eu, de temps immémorial, des rapports avec la race malaise. Il ne serait donc pas étonnant que le type malais — en supposant qu'il ne fût pas un type primitif, ce qui est contraire à notre opinion, — présentât quelques points de ressemblance avec le type tartare. Ce raisonnement s'applique, à *fortiori*, à l'espèce chevaline. En effet, Pülo-Pinang, lors de son occupation par les Anglais, en 1786, ne possédait pas même un cheval, ce qui m'inciterait à croire que l'espèce chevaline a dû manquer dans plusieurs îles de l'archipel malais et qu'elle y aurait été importée par les Chinois.

Les juments de Sumatra — rejetons tartares, — qui furent amenées en principe à Pülo-Pinang, ont donné, par leur croisement avec les chevaux anglais du cap de Bonne-Espérance, d'Australie et de la terre de Van-Diémen, des produits de valeur, bien que ces juments n'eussent autre chose, elles-mêmes, qu'un reste de sang tartare.

Que l'on nous permette encore un mot sur la race chevaline birmane.

Le croisement le plus rationnel, le plus propre, selon nous, à améliorer cette race et à tirer parti de ses éminentes qualités, serait celui qui aurait lieu entre l'étalon birman et l'une de ces belles poulinières navarrines que M. A. Fould élève à son haras de Tarbes; ou bien celui qui résulterait de l'accouplement de la jument birmane avec l'un de ces nobles étalons normands, dits *Merleraults*, que l'on entretient aux environs de Bayeux.

Certes, nous serions mal venu à dénigrer notre cavalerie. Des expéditions lointaines ont donné, en ces derniers temps, la mesure de ce qu'on doit attendre d'elle à la guerre; tous nos hommes de cheval sont frappés du changement notable qui s'est opéré depuis quelques années dans nos remontes; quoique cela, ne pourrait-on se demander s'il est devenu tout à fait impossible d'améliorer encore notre cavalerie légère?... Nous prions le lecteur de ne pas se méprendre sur le sens, sur la portée de cette phrase, non plus que sur l'intention qui nous l'a dictée...

Enfin, est-ce indiscret, de notre part, d'appeler respectueusement l'attention et la sollicitude éclairée de M. le Directeur général des Haras, sur une question de cette nature? Messieurs les éleveurs intelligents et dévoués auxquels on doit, en partie, l'amélioration de l'espèce chevaline en France, ne nous sauront-ils pas à leur tour quelque gré des communications que nous venons de leur faire?...

Mais on aurait, en Birmanie, deux sujets de toute beauté — une poulinière et un étalon,— au prix de 1,000 roupies l'un, soit 5,000 francs les deux... Mais nos Messageries Impériales naviguent dans ces parages; nos bateaux à vapeur de l'État y croisent aussi; nos bâtiments marchands font escale à Akyab, à Bassein, à Rangoon, à Maulmein, lieux où il serait possible d'effectuer les achats en question..... Pourquoi donc ne tenterait-on pas cet essai?

LA CHASSE AU CHEVAL SAUVAGE

LA

CHASSE AU CHEVAL SAUVAGE

EXPLORATIONS INDUSTRIELLES

LES ÉTATS-SHANS. — UN MOT CONCERNANT MARCO-
PAOLO. — DU COMMERCE DE LA BIRMANIE ET DES
ÉTATS-SHANS AVEC LA CHINE. — UNE TOURNÉE PARMI
DES PEUPLADES A DEMI-BARBARES. — PRODUCTIONS.
— MŒURS LOCALES. — SOIRÉE DRAMATIQUE. — DIVERS
INCIDENTS DE VOYAGE ET DE CHASSE. — LES MINES
D'ARGENT. — LE CHEVAL SAUVAGE.

I

Il existe, ai-je dit, au sein des vastes solitudes
comprises entre le fleuve Salouein et le fleuve
Makhoung (en chinois : le Loo-Kyang et le Lantsang-Kyang), une espèce de cheval sauvage auquel j'ai fait la chasse. Cette indication est insuf-
fisante ; elle pourrait induire en erreur. Je vais

donc fournir quelques éclaircissements à ce sujet.

Les Shans, les Karens, les Laos, les Mutzas, les Paloungs, les Syngphoos, les Kakhyens, les Lolos, les Kakouas, les Liluns, les Kakuys et autres familles autochthones occupent un territoire circonscrit par le Cambodge, le Siam, le Pégu, la Birmanie, le Boutan et la Chine. Il serait difficile d'en déterminer la délimitation d'une manière exacte à moins d'avoir une carte sous les yeux. Les géographes lui affectent souvent l'appellation générique d'États-Shans, parce que les Shans y exercèrent autrefois leur domination.

Cette région s'étend, approximativement, du 18ᵉ au 28ᵉ degré de latitude Nord et du 97ᵉ au 102ᵉ degré de longitude Est (1), et affecte des contours irréguliers, mal définis. Elle se divise en une infinité de zônes dont les unes sont habitées par des nations indépendantes, les autres par des tribus soumises à l'une des puissances désignées ci-dessus. Plusieurs de ces peuplades se répandirent jadis jusqu'au Boutan, au Munipoori, à l'Assam et au Tipérari, sur les rives du Burampoutre. On les retrouve encore aujourd'hui disséminées par petites fractions aux limites du Bengale, au pied de l'Himalaya,—vers le Boutan,

---

(1) Nos chiffres sont pris sur le méridien de Greenwich, d'après la supputation anglaise,

— dans l'intérieur de la Birmanie, du Pégu et de l'Arakan, enfin au Sud-Sud-Ouest de la Chine, ainsi que dans les provinces chinoises de Koei-Tchéou, de Yunan et de Kouang-Si...

Presque déserte actuellement, la région dont nous parlons était florissante à l'époque de l'invasion mongolo-chinoise du treizième siècle. Depuis, elle a été ravagée à diverses reprises par les Pégouans, les Siamois, les Birmans, les Chinois et les Shans eux-mêmes. En ces temps désastreux, la guerre enfantait l'esclavage, l'esclavage amenait la dépopulation, la dépopulation conduisait à la barbarie! Voilà comment les peuples s'éteignent ou s'atrophient...

Les Chinois ont emprunté leur architecture aux Laos, aux Kakuys, aux Lolos et aux Shans. Ce fut, en effet, à partir de la grande invasion précitée qu'ils substituèrent aux bâtisses en pierre, à plusieurs étages, les édifices et les maisons en bois, à un étage, avec toitures superposées : genre de construction mieux approprié aux mœurs des habitants et aux conditions climatériques du pays. Ils leur empruntèrent également les formes, tantôt primitives, élégantes, simples, ingénieuses, tantôt d'un goût bizarre, tourmenté ou surchargé d'ornements, qu'ils ont adoptées pour construire cette multitude de ponts qui desservent les rivières et les canaux du Céleste-Empire. Les annales officielles de la Chine constatent d'une façon péremptoire le fait que nous avançons....

II

Une fois la conquête de la Chine terminée, l'empereur Koublay, fondateur de la première dynastie tartare (mongolo-chinoise), tourna ses vues vers les États limitrophes des provinces du Sud et du Sud-Sud-Ouest. Sur ces entrefaites, l'oncle et le père de Marco-Paolo, commerçants vénitiens, arrivèrent à sa cour. Il les accueillit au mieux, leur facilita toute espèce d'opérations commerciales, les combla de présents, bien mieux il les chargea de préparer les voies à des relations amicales, — politiques et religieuses tout ensemble, — entre le Céleste-Empire et le chef de l'Église catholique... Nos voyageurs retournèrent en Europe, s'abouchèrent avec le pape Grégoire X, puis ils s'en revinrent en Chine, emmenant Marco-Paolo, jeune homme plein d'avenir, d'une haute intelligence et dont l'éducation ne laissait rien à désirer pour l'époque.

A leur retour, l'empereur Koublay était très-avancé en âge. Ses projets avaient subi des modifications qu'il se serait bien gardé de communiquer à des étrangers. En politique consommé, ce prince se montra tout aussi bienveillant pour eux qu'auparavant; mais Marco-Paolo devint l'objet d'une affection particulière de sa part. Il le logea dans son palais, il lui fit enseigner la langue des

Lettrés, en un mot : il le séduisit. Notre jeune aventurier consentit donc à rester en Chine lorsque son père et son oncle repartirent pour l'Europe. L'Empereur lui conféra successivement le titre de mandarin, l'éleva à la dignité de gouverneur d'une province, et le manda en qualité d'ambassadeur près les différents souverains de l'Indo-Chine et de la Malaisie, sous le spécieux prétexte de poser les bases d'un traité de commerce à intervenir... Marco-Paolo remplit consciencieusement sa mission ; il étudia les pays qu'il avait ordre de parcourir, il s'enquit de la position topographique des lieux, il se pénétra des mœurs, des usages, des ressources, des richesses des nations, et s'attacha spécialement à connaître leur véritable force militaire...

Le voyage de Marco-Paolo dura plusieurs années. A son retour en Chine, il apprit la mort de l'empereur Koublay, ce qui lui causa une profonde affliction. Le nouveau souverain s'efforça de le consoler en lui prodiguant toute sorte d'éloges, de faveurs, de largesses ; par contre, dès qu'il eut obtenu du zélé diplomate les renseignements qui se rattachaient au but que son prédécesseur s'était proposé, il lui conseilla paternellement de regagner sa patrie. « Il craignait, disait-il, que la santé de son cher *Kalao* (1), déjà éprouvée

---

(1) Cette expression sert à désigner les premiers fonctionnaires, en Chine.

par tant de voyages, de travaux, de fatigues, de
périls, ne pût résister davantage à l'action per-
nicieuse du climat... » Marco-Paolo comprit à
demi-mot... De peur que sa gracieuse Majesté tartare ne lui fît réitérer d'une façon moins polie,
par l'un de ses ministres, cette invitation à dé-
guerpir, il précipita son départ...

A quelques années d'intervalle, le successeur
de Koublay lançait sur l'Indo-Chine des nuées de
Mongols. Une armée envahit les États-Shans, la
Birmanie et le Pégu. Sa marche était toute tra-
cée. Elle suivit la route que Marco-Paolo avait
prise au début de ses explorations, lorsqu'il tra-
versa les gorges qui aboutissent de la province de
Yunan à la Birmanie. Une autre armée attaqua le
Siam et le Cambodge en pénétrant d'abord au
pays des Lolos, par la province de Kouang-Si,
itinéraire conforme à celui de l'illustre voyageur
lors de sa rentrée en Chine... Ainsi, Marco-Paolo,
malgré le caractère pompeux dont le conquérant
tartare l'avait revêtu, ne fut, en définitive, qu'un
espion. Il ne s'en doutait probablement pas; cependant il contribua d'autant plus à l'asservisse-
ment de l'Indo-Chine par les Mongolo-Chinois,
que ses rapports étaient dressés avec plus d'art,
plus de perspicacité, plus de profondeur, plus d'esprit de suite : qualités que nul émissaire mongol
ou chinois n'eût été capable de déployer à un si
haut degré...

Ces détails sont acquis à l'histoire. Eh bien ! ils

n'ont jamais été présentés, que nous sachions, sous un jour convenable. A quoi cela pourrait-il tenir, si ce n'est à la légèreté, à la suffisance des auteurs qui écrivent l'histoire d'un pays qu'ils n'ont point parcouru et dont ils ne possèdent pas même une carte?...

III

Le mouvement commercial entre la Birmanie et la Chine tend à décroître depuis longtemps, par suite de l'augmentation continuelle des surtaxes dont les gouverneurs de la province de Yunan frappent les marchandises, aussi bien à l'entrée qu'à la sortie du territoire chinois, et à cause de l'énormité toujours croissante du tribut que les caravanes chinoises sont obligées de payer à l'empereur des Birmans.

Les marchands chinois fournissent du thé, des tissus de coton, des soieries, des porcelaines et autres objets manufacturés; ils emportent de l'indigo, du cachou, de l'ivoire, des matières tinctoriales ou tannantes, des pierres fines, des métaux ainsi que des productions végétales que les Birmans daignent à peine récolter, bien qu'elles ne leur coûtent aucun frais de culture.

Bahmoô est la place qui sert d'entrepôt à ce

commerce d'échange. Les caravanes chinoises et les marchands birmans s'y rendent chaque année, après l'hivernage.

Je n'oserais qualifier cette localité du nom de ville. Elle est située sur l'Irraouady, au nord de Mandalay, par 24° 20' de latitude Nord et 96° 55' de longitude Est, à proximité du confluent d'une petite rivière que les Birmans appellent Khyong-Bahmoô, tandis que les riverains — les Kakhyens, — la nomment Nam-Tapoung. La plupart des maisons de Bahmoô sont en rotang ou en bambou, quelques-unes en bois ; le débarcadère est en mauvais état ; les bazars sont mal entretenus et nauséabonds ; le reste à l'avenant.

Du Mandalay à Bahmoô, l'ouverture du compas marque environ 60 lieues ; toutefois la navigation du fleuve, entre ces deux points, nécessite un parcours de plus de 100 lieues. La grande difficulté que les barques éprouvent à remonter l'Irraouady, à cause de ses grèves et de ses sinuosités, a dû engager les commerçants chinois à faire élection de Bahmoô comme terrain de foire. La crainte d'être pressurés outre mesure s'ils se rendaient directement à Mandalay entre bien, aussi, pour quelque chose dans cette détermination de leur part.

Vu l'absence de toute voie praticable au charroi, vu le peu de sûreté et de commodités qu'offrirait aux caravanes le voyage à travers des montagnes abruptes, des forêts vierges, des marais, des jongles, des plaines incultes : les marchands chinois de Yun-Chang-Foo, de Schunning-Foo ou des villes commerçantes de l'intérieur de la province de Yunan se réunissent à Tengy-Choo, près de la source du Nam-Tapoung, et descendent ensemble la rivière sur des barques d'un faible tirant d'eau. En route, ils rallient d'autres flottilles, par exemple celles de San-Foo, de Mainlah, de Hotha, de Latha... On aura une idée des obstacles que présente cette navigation, lorsqu'on saura que le Nam-Tapoung est d'une excessive rapidité.

Un certain nombre de marchands chinois prennent une autre direction. Ce sont ceux dont le trafic s'exerce uniquement sur des objets de grand prix sous un très-petit volume, tels que : soieries brochées d'or ou d'argent, bijoux, essences, pierreries, etc. Ils descendent le Souély, autre affluent de l'Irraouday ; mais, avant d'atteindre le fleuve, ils remontent une rivière appelée Nam-Meit et s'arrêtent à Mohmeit, chef-lieu du district *des mines de rubis*, ou bien ils poussent jusqu'à Main-Nouhé, bourgade voisine du siége principal de l'exploitation. Ces pauvres gens sont assujettis à tant d'extorsions et de vexations du fait des préposés birmans, que les quelques rubis qu'ils parviennent à se procurer clandestinement près des ouvriers mineurs leur coûtent souvent au-delà de la valeur réelle. On ne se borne pas, au moment du départ, à visiter minutieusement leurs bagages et leurs marchandises ; on les astreint eux-mêmes à une inspection aussi humiliante qu'impudique... Nous présenterons dans une autre publication des renseignements plus complets concernant le commerce de Bahmoô et l'exploitation des mines de rubis.

Les Chinois constituent un singulier peuple... Autant, parmi eux, les individus de la basse classe sont industrieux, âpres au gain, économes et adonnés au travail, autant les personnages de marque se montrent sensuels et dissipateurs. Ces derniers ne se refusent rien ; ils font un usage immodéré de parfums, d'essences, de matières odorantes et de substances qui passent pour posséder des propriétés soit hygiéniques, soit stimulantes, soit aphrodisiaques. Nous ne nous étendrons ici, ni sur le caviar classique, les fameux nids d'hirondelles, l'opium, les vins et les liqueurs de choix, ni sur les poissons dorés ou argentés que les mandarins recherchent avec une indicible convoitise ; nous dirons seulement qu'une cuisse de jeune cheval sauvage bien fumée, qu'un plat de cigales bien sautées, qu'un ragoût de tendons de cerf, d'abord séchés et durcis, puis ramollis par la macération, provoquent chez un gastronome chinois un sentiment de volupté pareil à celui qu'un jambon de Mayence, des huîtres d'Ostende ou un pâté de Strasbourg produisent sur le palais d'un gourmet parisien.

En conséquence de ce qui précède, le lecteur ne

sera pas surpris d'apprendre que les frontières des États-Shans, pays très-giboyeux, soient continuellement parcourues par des pourvoyeurs appartenant aux provinces de Yunan et de Kouang-Si. Ces industriels nomades viennent s'approvisionner de ginsang, de foulin, de musc, de zibeth, de venaison, de cuisses de cheval sauvage, de tendons et autres ligaments de cerf, parmi les tribus voisines, où on leur fait habituellement bon accueil; ensuite ils répandent ces étranges denrées dans l'intérieur du Céleste-Empire.

La ville chinoise de Moung-Môo et la ville birmane de Moung-Ting sont les principaux centres où s'effectuent légalement les échanges de cette nature; mais il s'opère un commerce interlope infiniment plus considérable entre les Chinois et les tribus indiennes, aux environs des villages de Kaing-Mah, Maing-Maing, Kyang-Houng, sur les États-Shans, et tout le long des frontières du Yunan et du Kouang-Si.

IV

Quand le Laos vint me voir à Mandalay, je lui offris de l'accompagner jusqu'à sa tribu à condition qu'il m'accompagnerait préalablement dans quelques-unes de mes excursions; en outre, je me chargeais de le défrayer. Il y consentit de tout cœur.

12.

Je partis donc un beau jour, suivi du Laos, de Désiré, de Joseph et de huit serviteurs indigènes au nombre desquels figurait un Paloung de 22 à 23 ans, que j'avais pris à mon service depuis quelque temps. C'était bien le meilleur garçon du monde : doux comme un agneau, fidèle et obéissant comme un chien, adroit comme un singe, fort comme un buffle, courageux comme un lion... Je lui avais donné le nom de Louglé, mot birman qui signifie indifféremment : *jeune homme* ou *l'ami !*...

Cette fois-ci, je voyageai en célibataire, ma femme étant demeurée à Mandalay. Il va sans dire que nous étions parfaitement armés, que je m'étais muni des bagages, ustensiles et effets de campement indispensables, que j'emportai ma petite pharmacie ainsi qu'une cassette contenant des réactifs chimiques, et enfin que j'emmenai le poney qui m'avait servi de monture dans mes excursions aux alentours de Mandalay.

Nous fîmes en bateau le voyage de Bahmoô, de Mohmeit et de Main-Nouhé... Après avoir visité les mines de rubis, nous remontâmes le Nam-Meit, puis le Souély jusqu'aux environs de Moung-Môo, c'est-à-dire à proximité de la frontière chinoise. Là, je poussai une pointe jusqu'à cette bicoque; mais, craignant de m'attirer une fâcheuse affaire avec les avant-postes tartares si je traversais le territoire chinois sans l'autorisation du gouverneur de la province de Yunan, et ne voulant pas

m'astreindre à un retard de quinze jours pour
attendre le bon plaisir de son Excellence, dans
la persuasion où j'étais de subir un refus : je
congédiai mes bateliers, je louai deux paires de
buffles pour porter mes bagages, deux chevaux
de selle pour mes gens en cas d'accident, et nous
nous mîmes en route en ayant soin de ne pas
sortir des terres qui reconnaissent, sinon de fait,
du moins nominalement, la suprématie de l'empereur des Birmans.

J'avais beaucoup entendu parler des *mines d'argent* de Baudhouyn-Dgyé, dont nous n'étions éloignés qne de 40 à 45 lieues. On m'avait aussi assuré qu'à une quinzaine de lieues plus loin il règne des parages montueux et boisés où se retire le chevrotain à musc. C'en était assez pour piquer doublement ma curiosité. Je devais, il est vrai, m'écarter un peu de la route que le Laos aurait prise s'il eût voyagé seul ; pourtant j'en agissais de telle façon avec lui, qu'il aurait eu bien mauvaise grâce à ne pas me passer cette fantaisie...

Notre première journée de marche fut consacrée à franchir un pâté de montagnes ardues, entrecoupées de gorges, de ravines, de torrents et de précipices à faire frémir... Sur la crête des rochers, une multitude d'arbustes ou d'arbrisseaux épineux. Partout où l'humus offre un peu de profondeur, des pins gigantesques dont le feuillage vert-foncé assombrit encore le paysage... Cet arbre atteint des dimensions prodigieuses en hauteur et en grosseur. Bien qu'il pousse droit comme un jonc, il est impropre aux constructions à moins d'être employé en grume, c'est-à-dire sans qu'on lui ait enlevé son écorce. Quelles planches, quels madriers, quelles poutres on en retirerait, si on pouvait le débiter ou seulement l'équarrir ! Par malheur ses fibres ligneuses s'enroulent en se développant : l'aubier devient spongieux ; le cœur s'effeuille par bandes contournées en spirale.

Nos guides—les conducteurs des bêtes de somme et des montures, — nous avaient laissé entendre que nous ne pouvions manquer de rencontrer des lynx ; nous fûmes trompés dans cette attente. Le lynx affronte peu le danger. Pressé par la faim, il essaierait peut-être de surprendre un homme qu'il rencontrerait seul, mais il fuira toujours devant une troupe. Son œil perçant et son ouïe subtile lui permettent de s'enfuir avant qu'on ne l'ait aperçu.

Nous eussions pu abattre des centaines de faisans de toute couleur, de toutes nuances. La chair de ce gallinacé étant très-échauffante en voyage, je défendis à mes gens de le tirer. Il n'en fut pas de même des chevreuils. Nous les voyions, de fort loin, bondir sur la pointe des rochers, au bord des précipices. Ils nous firent perdre pas mal de poudre et de plomb. Enfin, nous eûmes la chance de jeter bas une chevrette et ses deux faons, mâle et femelle. Le chef de

la harde parvint à éviter nos balles en se précipitant au fond d'une tranchée où il disparut. Le
Laos et Louglé allèrent ramasser les pièces au
risque de se rompre le cou. Cette viande de venaison est aussi savoureuse que délicate.

Pas un être humain ne s'était montré le long
du versant occidental ; mais du côté oriental,
nous distinguâmes des bandes de Shans à la recherche de certaines productions végétales, entre
autres le tamarin, le *ginsang* et le *foulin*. Ces
Indiens habitent des cases en rotang, couvertes
de feuillage, construites au sein d'étroites vallées. Lorsqu'ils veulent fouiller les bois et les
rochers, ils se réunissent en nombre, afin de se
défendre contre les bêtes féroces. Chacun d'eux
est armé de son dah ; ils portent tous, derrière
l'épaule, une espèce de besace en peau ; les uns
ont une serpette grossière, les autres une pelle
ou une pioche. Ils se déploient à quelques pas
les uns des autres, et avancent en ligne autant
que la nature du terrain le permet ; de la sorte
rien n'échappe à leur recherche.

Le ginsang est une plante vivace, tubéreuse,
charnue et ombellifère, d'une saveur piquante
et aromatique (1). Elle affectionne les terrains

---

(1) Les Chinois prononcent : *Ninsi*, *Nindsin* et *Nin-
zin*... Les Anglais écrivent : *Ginseng*... Les Shans ar-e
ticulent : *Djinsang*... Le mot *Ginsang* me semble l
plus conforme à notre langue.

montueux et ombreux. Chaque année, de nouveaux rejetons surgissent sur sa tige, à la place des branches mortes. Les feuilles sont dentelées, vertes en dessus et blanchâtres en dessous; la pointe des denticules luit comme de l'argent. La tige produit un bouquet de fleurs pâles qui se transforment parfois en une touffe de fruits rouges et ronds, à noyau. Ces fruits, lorsqu'il y en a, servent à faire découvrir la plante au milieu des buissons, mais les fleurs ne sont fécondées que de loin en loin; elles restent stériles pendant plusieurs années. Les branches ressemblent à des queues de bruyères. Elles viennent à peu près comme les feuilles de navet, c'est-à-dire sur le collet de la racine, et s'étalent en rayons de manière à imiter un parasol renversé. Le collet de la racine est tantôt verdâtre, tantôt blanchâtre; à la longue il devient grisâtre. Extérieurement, la racine a un peu l'aspect du navet lui-même; à l'intérieur, elle est plus veinée, plus compacte, moins aqueuse. C'est cette racine que l'on recherche.

Les Chinois attribuent des propriétés merveilleuses au ginsang et le vendent au poids de l'or. La plante paraît être originaire de la Tartarie orientale, où l'empereur de la Chine, qui s'en est réservé le produit, la fait extraire par des soldats; mais, parce qu'elle se reproduit difficilement — soit que le pollen n'ait pas assez de vertu, soit que le noyau du fruit exige trop de temps pour germer, — et qu'elle devient de plus en plus rare, il s'ensuit que les Shans s'appliquent à la chercher quoiqu'on n'en trouve que fort peu dans leur contrée.

Le foulin est un tubercule qui offre beaucoup d'analogie avec la truffe. Son volume varie depuis la grosseur d'une châtaigne jusqu'à celle d'une belle pomme. Sa surface est rugueuse, roussâtre. Le parenchyme est spongieux. L'intérieur, plus ferme, plus compacte, présente des teintes marbrées, de diverses nuances, à fond grisâtre. Ses veines sont membraneuses et parsemées de spores microscopiques qui paraissent destinées plutôt à l'absorption interne qu'à la reproduction. Ces rognons naissent, croissent et se développent dans la terre sans y être adhérents, sans pousser aucune espèce d'organe apparent, sans qu'il soit possible d'assigner à leur croissance nulle autre cause qu'une agglomération lente et continue de certains sucs distillant des grosses racines du pin. Effectivement ils gisent à une profondeur de quatre à cinq, même six pieds en terre, à quelques pas des troncs de pins abattus, sans être attachés aux racines de l'arbre. Rien ne décèle leur présence, si ce n'est, dit-on, une vapeur légère qui s'exhale du sol. Aussi l'Indien qui passe pour reconnaître le mieux de la bande ces émanations imperceptibles, reçoit-il une part de butin double de celle de ses compagnons, bien que sa besogne soit moins pénible que la leur..... Le foulin est un comestible, un condiment dont les Chinois n'usent qu'avec une extrême parcimonie eu égard à sa cherté ainsi qu'à son action énergique; ils le réservent plus particulièrement pour leurs préparations pharmaceutiques. On ne saurait nier ses propriétés médicinales. . . . .

Je fis dresser ma tente au bas de la montagne, près d'un ruisseau, à l'entrée d'une plaine immense dont les Shans et les Paloungs se partagent et se disputent parfois la possession. Le bois ne manquait pas. Je prescrivis à mes gens d'entretenir toute la nuit un bon feu de branchages, afin de tenir à distance les bêtes féroces, et j'établis un ordre de service pour le restant du voyage. Les guides et mes domestiques indiens devaient alterner entre eux de telle sorte qu'il y eût toujours deux hommes sur pied, en cas d'événement imprévu. Cette précaution ne fut sans doute pas inutile; le Laos me l'avait conseillée.

J'avoue que je ne pus fermer l'œil que fort tard. C'était des cris aigus, des gémissements étouffés, des bramements rauques, des hurlements plaintifs, des rugissements caverneux dont mon imagination fut presque troublée. Nos gens, sans y réfléchir, avaient brûlé la ventraille des chevreuils que nous avions tués. Ce sacrifice antique avait répandu dans l'air un fumet dont l'odorat des animaux carnivores qui peuplaient ces parages à deux lieues à la ronde fut vivement alléché..... Toutes les espèces de bêtes rugissantes, de la création : chacals, lynx, cerfs aboyeurs, tigres, etc., semblaient s'être donné rendez-vous à un festin dont nos cadavres auraient sans doute fait les frais n'eût été la vigilance des vedettes. La vue du bûcher tenait en respect nos importuns visiteurs. . . . . .

Au milieu de la nuit, irrité et ne pouvant endurer davantage un pareil tintamarre, je me dressai sur mon séant et j'entr'ouvris ma tente. A la lueur des flammes, les Indiens de garde me firent l'effet de démons attisant le feu éternel des damnés. Ayant saisi ma carabine, je sortis de ma tente et je tirai les deux coups sur l'objet dont le volume avait le plus frappé mes regards au milieu de l'obscurité. Il y eut un moment d'un silence sinistre, puis le bruit se renouvela avec une intensité frénétique, mais en s'éloignant progressivement. Les animaux, désappointés, allèrent se dévorer entre eux dans les jongles..... Je me recouchai..... A la pointe du jour, nous trouvâmes, étendu sur l'herbe et baigné dans son sang, un grandissime cerf-aboyeur de la famille de l'élan. Il avait le cou très-gros. La conformation de sa charpente osseuse était telle que la hauteur des épaules devait dépasser de six à huit pouces celle de la croupe. Le malheureux servit de bouc émissaire ; il paya pour tous les coupables. Ceux-ci se régalèrent à ses dépens. Nous enlevâmes les cuisses et le filet. Le reste fut abandonné sur l'emplacement du bivac. Une heure après notre départ, je le gage, on n'aurait plus trouvé que des os. . . . .

Nous éprouvâmes, la seconde journée de marche, une chaleur accablante. La nuit avait été froide, à cause du voisinage des montagnes. Nous laissions cette chaîne sur notre gauche ; mais elle nous renvoyait le soleil avec plus de force à mesure que nous avancions dans la plaine, jusqu'au moment où les rayons tombèrent verticalement sur nos têtes.

Par-ci, par-là, on rencontrait des carcasses blanches, aussi luisantes que de l'ivoire. Quelques-unes me frappèrent par leur aspect et leur grosseur. Le Laos m'apprit que c'étaient celles de jeunes chevaux sauvages. Ils avaient dû s'écarter du troupeau pour fourrager, et être dévorés par les tigres. . . J'eus beau redoubler d'attention, j'eus beau m'aveugler à regarder dans toutes les directions, je ne vis ni tigre ni cheval sauvage, vivants. En revanche, le Laos et Louglé, qui s'étaient entendus pour chasser à leur manière, ayant pénétré dans le fourré des jongles en rampant comme des reptiles, nous rejoignirent avec une couple de coqs de bruyère, le parangon des volatiles. . . . . . Ce soir-là, je fis allumer plusieurs feux autour de notre bivac.

Vers le milieu de la troisième journée, nous atteignîmes une montagne dont la principale chaîne s'épanche du Nord au Sud. Nous la franchîmes en moins de quatre heures de marche. De la cime, on distinguait parfaitement le Salouein, qui serpentait au pied de la montagne parallèlement à ses zigzags. Ce magnifique fleuve prend sa source vers les hauts plateaux de l'Himalaya, au-delà du 30e degré de latitude Nord, aux confins de la Chine et du Boutan. Après un parcours de plus de trois cents lieues en ligne directe, soit environ cinq cents lieues en suivant les sinuosités de la rive, il se perd dans l'enfoncement du golfe de Martaban, aux environs de Maulmein, ville de fondation récente, édifiée par les Anglais dans le voisinage de Martaban, et devenue le chef-lieu de la province du Ténassérim. . . . . . Le Laos, en apercevant le fleuve dont les eaux baignent sa terre natale, ce fleuve qu'il avait failli ne plus jamais revoir! le Laos, dis-je, fut saisi d'une indicible émotion. J'en fus attendri..... Ce garçon gagnait chaque jour dans mon estime.

A la descente, nous nous dirigeâmes sur un village assis au bord du fleuve. Ses habitans sont des Paloungs, alliés des Laos et tributaires des Birmans. Leur chef — un vieillard encore vert, ma foi ! — prend le titre de *Tsauboua*, ou prince, bien que son territoire soit d'une excessive exiguïté. Il nous offrit cordialement l'hospitalité. Sa demeure était spacieuse, confortable, mi-partie en bois, mi-partie en bambous, avec

enclos adjacent, entouré d'une double ceinture
de palissades. J'acceptai le logement, me réser-
vant de faire goûter à notre hôte la cuisine à la
française. Or Joseph et Louglé, son élève dans
l'art culinaire, se surpassèrent ce soir-là.

J'avais admis le Laos et Désiré à ma table. Le
chef de village, de son côté, avait invité plusieurs
de ses amis. Ceux-ci s'extasièrent sur un plat de
macaroni arrosé du jus des coqs de bruyère rôtis
à point ; néanmoins leurs compliments les mieux
sentis furent adressés à certain potage au vermi-
celle, potage dont Joseph avait extrait le bouillon
d'un filet de porc et d'une épaule de chèvre, la
seule viande fraîche qu'il eût pu se procurer dans
le village. Pour tout dire, mes deux cuisiniers
avaient eu soin de garnir la marmite de force
condiments épicés et d'y verser le contenu d'une
boîte de conserves aux petits pois... Bref, les Indiens ne connaissent pas la soupe...

Ce banquet à la bonne franquette ayant donné
lieu à tout une série d'incidents comiques, je
demanderai au lecteur la permission de les lui
raconter. J'écris avec le désir d'instruire et d'être
utile, mais il y a temps pour tout. Un peu de
gaieté ne dépare nullement un ouvrage sérieux...

IV

Le dessert se composait de fruits exquis : mangues, goyaves, bananes royales, ananas, durians, jackes, etc.; j'y joignis des biscuits et du fromage... Joseph nous servit ensuite le café. L'arome de cette liqueur plut beaucoup à mes invités; ils n'en avaient jamais goûté.

Nous avions bu, durant le repas, du vin de latanier fortement coupé d'eau; malgré cela, cette boisson capiteuse et fermentative avait un peu agité le Tsauboua. Le cognac, dont je lui versai un petit verre, acheva de le griser. Alors, soulevant une natte disposée de manière à masquer l'intérieur de son habitation, il nous introduisit dans une vaste salle dont l'entrée paraissait défendue par deux léopards, deux lynxs, deux chèvres jaunes, à longues cornes, un ours noir et une once blanche, du pays des neiges. Ma stupeur ou mieux ma surprise, fut telle, que je portai machinalement la main à ma ceinture pour prendre mon revolver. Désiré en fit autant. Mais nous partîmes aussitôt d'un éclat de rire homérique : ces bêtes étaient empaillées !...

La nuit étant venue, la salle fut éclairée par d'énormes cierges en cire, fichés dans des bambous que l'on avait fixés aux cloisons en guise d'appliques ou de candélabres. Notre amateur d'histoire naturelle, après nous avoir indiqué une rangée de coussins où la place d'honneur m'était assignée, prescrivit à ses gens de laisser entrer mon escorte ainsi que quelques habitants du village dans la pièce que nous venions de quitter, afin qu'ils pussent jouir du spectacle dont il comptait me régaler; puis il vint, d'un pas légèrement titubant, s'asseoir à côté de moi.

A un signal du chef, une bande de musiciens se présentèrent, munis de leurs sonnettes, de leurs triangles, cymbales, flûtes, gongs, tam-tam, etc. S'étant assis au fond de la salle, ils ne tardèrent pas à nous assourdir. C'était le prélude. Bientôt une troupe d'artistes lyriques des deux sexes nous débitèrent de leur voix aigre, nasillarde, perçante et cependant harmonieuse, un poème épique, en soixante-quinze tableaux, dont la donnée remontait à trois cent cinquante ans avant l'ère chrétienne, tandis que ses péripéties embrassaient une période d'un demi-siècle. Il y avait des génies attifés en dragons volants ; des guerriers à tête d'aigle, de cheval, de crocodile ; des *envoyés extraordinaires* — ministres, confidents ou courriers, —avec des ailes gigantesques, symbole traditionnel de leur diligence à exécuter les ordres de leur souverain. Il y avait aussi des princes et des princesses, chamarrés de clinquant : plumes, peaux, dorures et cristaux... Et tout ce personnel entrait en scène en s'avançant de quelques pas, ou bien sortait seulement en se retirant en arrière ; et chacun d'eux chantait, déclamait, gesticulait à sa guise, sans se préoccuper de l'orchestre qui accompagnait tantôt en sourdine, tantôt avec un bruit à couvrir la voix des personnages ; et, à défaut d'art ou de talent, les uns montraient du naturel, de la bonne volonté, les autres déployaient une sobriété de gestes, une dignité de maintien dont je fus étonné...

Le drame lyrique terminé, on fit évacuer le vestibule aux spectateurs de deuxième classe ; Joseph et Louglé, à ma considération, furent admis dans l'enceinte privilégiée ; on baissa la natte qui servait de séparation ; le thé, les gâteaux, les tasses pleines d'arack,—eau-de-vie blanche de riz,—circulèrent à la ronde ; après quoi les artistes lyriques changèrent de toilette devant nous — c'est-à-dire en nous tournant le dos, — pour se transformer en corps de ballet : mimes, danseurs, danseuses et comparses..... Comment décrire l'excentricité, la naïveté d'un tableau auquel des bêtes féroces empaillées servaient de décors ? Je me bornerai à dire que le charivari des musiciens, les poses héroï-comiques des figurants ou figurantes, la bigarrure et la bizarrerie des costumes me transportèrent par la pensée à cinq mille lieues de distance, au balcon de l'un de nos théâtres de boulevard dont le nom restera prudemment au bout de ma plume...

Le chef du village hébergeait depuis une semaine cette troupe ambulante. Etait-ce uniquement pour nous complaire, ou bien pour sa propre satisfaction qu'il nous avait procuré ce divertissement? Un peu à ces deux intentions, je suppose, car je crus m'apercevoir qu'il ne perdit pas un seul instant de vue *le fort premier rôle de femme*, qui se trouvait être à la fois la directrice, l'impressario et le maître de ballet. Quoique déjà sur le retour, elle était superbement découplée. Elle avait l'œil provocateur et la prunelle étincelante ; elle paraissait fort exercée à toutes sortes d'exercices ; ses gestes, un peu risqués, ne manquaient pas d'expression. Fière de son succès auprès du seigneur de l'endroit, elle l'agaçait sans cesse par ses allusions, elle le transperçait de ses œillades assassines à tout bout de champ. Notre vert-galant nageait dans l'ivresse.....

Je remarquai une ingénue qui n'était pas tout à fait à dédaigner. Le vieillard m'encourageait sournoisement à la courtiser. Celle-ci, sans trop me provoquer, indiquait par sa contenance qu'elle ne se fût peut-être pas montrée cruelle à mon égard si l'envie m'eût pris de lui jeter le mouchoir. Quant aux autres sujets du sexe féminin, ils s'appliquaient à qui mieux mieux à charmer les *kalas,* — les étrangers, — c'est-à-dire l'humble narrateur de ce récit et ses deux domestiques de confiance : Désiré, le marin provençal ; Joseph, le nègre malabare, le cosmopolite polyglote.....

Tout-à-coup, Joseph, le cerveau échauffé par des libations trop copieuses, s'élance au milieu de la salle et nous offre un échantillon de son savoir faire chorégraphique... Ouvrons ici une parenthèse.

De même que la plupart des *Klings*, — dénomination sous laquelle les Anglais désignent les serviteurs nomades, dans l'Inde, — Joseph, quoique baptisé, était idolâtre; en d'autres termes, il pratiquait indifféremment le brahmanisme, le bouddhisme, le mahométisme, le catholicisme, mais principalement le fétichisme. Natif du Malabar, non loin de la montagne des Gates, il avait été conduit fort jeune à Karikal et de là à Pondichéry, où ses parents le vendirent à un planteur de l'île Bourbon. Ses maîtres le firent baptiser et le gardèrent près d'eux, à leur habitation. Émancipé lors du mouvement de 1848, il parcourut rapidement le littoral de l'Inde et de l'Indo-Chine, la Malaisie, les îles du détroit de Malacca, changeant de patron sitôt qu'il trouvait l'occasion de se mettre de nouveau en voyage. Il écorchait quatre ou cinq langues et une douzaine d'idiomes, s'imaginant les parler à la perfection. Zélé, intelligent, adroit, dévoué, il avait la prétention d'être propre à tout faire, mais sa légèreté, son étourderie, son inconséquence sans pareilles lui faisaient commettre à chaque instant des fautes grossières. Je le châtiais, parfois, un peu rudement. Il avait très-bon cœur; il n'était pas du tout rancuneux. Comme il savait que j'avais un faible pour lui, il ne pensait bientôt plus à la correction que je lui avais administrée et recommençait de plus belle... Ainsi que ses pareils, il aimait les liqueurs fortes et ne savait pas boire... Le libertinage était son défaut capital. A chaque localité où nous stationnions un peu de temps, il se mariait chaque fois à la mode du pays. A son dire, et quoique je lui fisse continuellement des avances, j'étais son débiteur pour des sommes considérables; je thésaurisais ses gages... Il remettait donc aux parents de sa future une vingtaine de roupies sur le montant de l'achat, il offrait à celle-ci quelques coupons d'étoffe, on procédait aux fiançailles par un festin, le mariage se consommait, et, huit ou quinze jours plus tard, mon Joseph réintégrait la femme au sein de sa famille, faute par lui de pouvoir verser l'appoint de la somme promise... Le gaillard plaisait aux Birmanes. Il avait le don de les enjôler. Près d'elles, la couleur de sa peau ne constituait pas un empêchement... A cette heure que le lecteur est édifié sur les agréments de mon Figaro nègre, nous fermerons la parenthèse.

Joseph avait entendu parler de la soirée théâtrale que le Tsauboua me ménageait. Une fois son service fini, il avait trouvé le moyen de faire un brin de toilette. Vraiment, sa veste et son pantalon blancs, ses babouches dorées, son turban rouge, sa ceinture bleue faisaient ressortir ses traits fins, sa taille bien prise, et s'harmoniaient avec son teint d'ébène... Le voyez-vous imitant, les unes après les autres, les contorsions dansantes des divers peuples de l'Inde, de l'Indo-Chine, de la Malaisie, et terminant, au mirifique ébahissement des spectateurs, par l'indescriptible *Bamboula* de l'île Bourbon !...

Désiré n'y tenait plus. A son tour, il nous danse une gigue, un léger cancan, puis il contraint Joseph à lui servir de vis-à-vis... Ils exécutèrent ensemble toutes les figures de l'ancienne contredanse : *en avant deux, balancez vos dames, chassez-croisez, la queue du chat*, etc. Enfin Désiré, s'emparant du Laos, de Louglé, ainsi que des artistes dramatiques, les contraignit de participer à une farandole carnavalesque dont il réglait le ton et la mesure en dominant l'orchestre de sa voix de stentor.

Ces intermèdes, tout-à-fait en dehors du programme officiel, divertirent beaucoup le chef du village. Le vieillard se roulait sur ses coussins en se pâmant de rire: De mon côté, je me tenais les flancs afin de garder le décorum..... Mais il était temps que cela finît.

Sur l'injonction que je leur adressai à haute voix, Désiré, Joseph, le Laos et Louglé s'arrêtèrent ; la musique cessa, danseurs et danseuses restèrent en suspens. On présumait, sans doute, que je voulais me mêler au branle... Loin de là, je profitai du répit pour déclarer au Tsauboua que je désirais me livrer au repos afin d'être en état de partir le lendemain dès l'aube matinale. Jamais homme ne fut plus vexé!... Il espérait, me dit-il, nous retenir plusieurs jours; il me parla de chasse; ses regards significatifs m'incitaient traîteusement à courtiser l'*Ingénue*... Je fus inébranlable et le priai de lever la séance, ce à quoi il ne se décida qu'avec un vif regret...

Les deux *premiers sujets féminins* s'approchèrent pour me saluer. Je les complimentai galamment et leur remis quelques roupies à chacune. Leurs camarades ainsi que les musiciens eurent aussi une petite gratification, après quoi ils défilèrent tous devant moi. Alors le chef se retira en me souhaitant bonne nuit.

A cinq minutes d'intervalle, m'étant assuré par moi-même que l'escorte veillait aux bagages, je m'arrangeai de mon mieux sur des coussins. Joseph et Désiré se couchèrent à mes pieds; le Laos et Louglé s'étendirent en travers, à l'entrée de la salle, après avoir laissé retomber la natte qui servait de portière... Nous étions tous armés et j'avais mon revolver sous mon oreiller.

Le local, naguère illuminé *à giorno*, n'était plus éclairé que par les lueurs vacillantes d'une lampe. Les incidents de cette soirée drôlatique me revinrent à l'esprit : les animaux empaillés me faisaient l'effet de s'agiter sur leur piédestal; la musique enragée me déchirait encore le tympan; l'*Ingénue* me souriait d'une façon étrange, ce qui ne m'empêcha pas, quoique le sommeil commençât à me gagner et rendît mes perceptions indécises, d'entendre chuchoter près de moi... Joseph et Désiré s'entretenaient entre eux à voix basse, me croyant endormi... Enfin le sommeil l'emporta.

M'étant éveillé à la pointe du jour, je me dressai sur mon séant. La lampe brûlait encore. Le Laos et Louglé étaient à leur place ; Joseph et Désiré n'y étaient plus : ils avaient disparu.

Je me levai. Au premier pas que je fis, le plancher grinça sous mes pieds ; le Laos et Louglé furent aussitôt debout. J'allai à la galerie extérieure ou *varande*. Les abords de notre habitation étaient silencieux... Appréhendant que l'on n'eût l'habitude de dormir fort tard dans ce village, je m'approchai d'un *gong* placé à proximité du perron et je frappai à tour de bras sur l'instrument sonore.

A ce signal d'alarme, les habitants d'accourir précipitamment dans la crainte que la demeure de leur chef ne fût la proie des flammes. Joseph et Désiré se présentèrent devant moi,

> .... dans le simple appareil
> D'une beauté qu'on vient d'arracher au sommeil...

c'est-à-dire : l'un, enfilant sa veste ; l'autre, ajustant ses bretelles... J'administrai au premier une paire de soufflets et lui logeai ma botte quelque part. Quant au second, je lui dis que je ne pardonnerai pas à un Européen ce qui se pardonnait à un nègre, et que, s'il lui arrivait encore de s'éloigner pendant la nuit, je le planterais là, fussions-nous dans un désert ou parmi les sauvages...

Le chef survint. Il voulut absolument m'accompagner jusque sur les bords du Salouein. Là, des bateliers nous prirent dans leurs barques pour nous transporter sur l'autre rive. A cet instant, Joseph et D siré me donnèrent sujet de me remémorer certains épisodes de ma vie de soldat, que je désignerai sous ce titre unique : *Le départ du gîte d'étape*.... Effectivement les danseuses qui avaient été cause que mes deux coquins avaient manqué à la consigne en découchant, vinrent les embrasser et leur dire adieu au moment où les bateliers s'apprêtaient à pousser au large.....

V

Trois heures de marche nous séparaient d'une petite rivière dont je ne me rappelle plus le nom. Nous la descendîmes en bateau pour gagner Moung-Ting, gros village situé sur la rive gauche du Nan-Ting, à peu de distance de l'endroit où cette rivière reçoit celle dont je viens de parler.

Moung-Ting est l'extrême frontière entre la Chine et la Birmanie, puisque le Nan-Ting leur sert de délimitation. Cette ville, bien qu'elle ne soit qu'une bicoque, est le centre d'un commerce qui jouit d'une certaine importance, d'une certaine activité, malgré les restrictions douanières apportées au transit — importations et exportations, — par le gouvernement birman. A vrai dire, la population est composée en majeure partie de Chinois. Ce peuple sait se plier à tout, quand l'intérêt commande.

Moung-Ting a l'avantage inappréciable et inapprécié de posséder un gouverneur ainsi qu'une garnison de deux cents soldats miliciens. Le gouverneur concentre en sa personne une foule d'attributions; *il gouverne.* . . . . . . Les miliciens, trop mal rétribués pour bien faire leur service, surveillent une douzaine de bouches à feu montées sur des affûts quasi-inamovibles. Ces pièces sont placées en batterie sur une falaise de manière à empêcher le passage de la rivière et à dominer la rive opposée ; néanmoins, la position est facile à tourner.

Au grand déplaisir du Laos, — qui eut pourtant la délicatesse de s'abstenir de toute marque d'improbation, — je séjournai deux jours pleins à Moung-Ting, à l'intention d'étudier le commerce des Chinois avec les tribus voisines. Fort heureusement, le gouverneur se trouvait absent de sa résidence. Son suppléant ayant jugé à propos de ne pas se mettre en frais de cérémonies pour me recevoir, j'eus tout mon temps à moi.

Au dire des marchands chinois, fort rusés, fort

habiles et encore plus soupçonneux, la chasse des chevrotains à musc, dans les parages que je m'étais proposé de visiter, était déjà terminée pour cette année-ci. L'hivernage avait commencé plus hâtivement qu'à l'ordinaire, les pluies s'étaient moins prolongées, elles avaient été moins torrentielles, le retrait des eaux s'était opéré plus promptement, les acheteurs de musc en avaient profité pour descendre en plus grand nombre le Lantsang-Kyang, le Nan-Ting et leurs affluents; en conséquence, les Shans et les Kakuys avaient fait à ces pauvres chevrotains une guerre acharnée, si bien que je courais le risque, en persévérant dans mon projet, d'entreprendre un voyage inutile. . . . . Comme je me méfiais de la véracité de mes donneurs d'avis, j'allai aux renseignements. Il se trouva, par extraordinaire, qu'on ne m'avait pas trompé.

Ce qui causait mon dépit enchantait le Laos. Ce contre-temps devait nous conduire, préjugeait-il, quinze jours plus tôt à sa tribu. Toutefois, voyant mon désappointement, il s'efforça de me consoler, en m'assurant que nous ne manquerions pas de rencontrer des chevrotains sur notre route, vers certains points à lui connus, ces animaux, quand ils sont pourchassés de trop près, se réfugiant, de ravins en ravins, sur des montagnes quelquefois très-éloignées de leur point de départ.

De Moung-Ting à Baudhouyn-Dgyé, il n'y a qu'une journée de marche, en plaine. On traverse quelques cultures de riz, de maïs, de thil ou petit sésame, d'arbres fruitiers et de plantes légumineuses. Par place, les jongles commencent à se défricher, mais il faudrait ouvrir des tranchées pour dessécher les marécages et assainir le sol. Ce n'est qu'à une faible distance de Baudhouyn-Dgyé que surgissent les collines rocheuses où on exploite les filons argentifères.

La mine est fort riche. Elle se compose, en majeure partie, de galène (plomb sulfureux argentifère) dont l'abattage, l'extraction et le traitement offrent peu de difficulté. Le gisement principal est situé à une faible hauteur, sur le penchant d'une montagne peu élevée. Son étendue paraît considérable; on ne l'a pas encore parfaitement délimitée, car on découvre chaque jour de nouveaux filons qui courent dans la direction de l'Ouest à l'Est, sous une inclinaison de 20 degrés, approximativement, et on s'est aperçu tout récemment que les terres argileuses des plateaux inférieurs étaient aussi argentifères.

Le front de chaque filon forme une masse minérale, stratifiée, dont l'épaisseur varie de 3 à 8 mètres. La galène se présente sous l'aspect de petits grains compactes, serrés, à facettes plus ou moins grandes. Ces grains sont unis, quelquefois, au sulfure ou à l'oxyde de zinc, aux pyrites de

14,

fer, ou bien à des indices de cuivre pyriteux.

Le minerai argentifère gît entre deux couches ou surfaces lisses, gris-obscur, d'une lueur plombagineuse, et tout-à-fait crépies de plomb. L'une est le *couvert*, l'autre est le *tombant* de la masse stratifiée. A certains endroits, le couvert est à peu près détruit par l'action des agents atmosphériques. Au-dessus du tombant, on rencontre un épanchement de galène plus riche en argent que le restant de la masse minérale. Cet épanchement a jusqu'à 5 ou 6 millimètres d'épaisseur. Le métal étant presque pur, les grains et les lames sont à peu près imperceptibles.

Selon moi, la masse de galène argentifère doit appartenir à la classe des gîtes dits *de contact*. Les intersections ou murailles de la montagne ont l'apparence de grès porphyriques; elles sont recouvertes d'un toit de roche schisteuse. Par un phénomène singulier, il est impossible de reconnaître à *priori* les parties les plus riches. Tantôt elles se trouvent au centre de la roche grise qui forme la gangue, tantôt parmi des amandes, nodules ou noyaux quartzeux disséminés en tout sens, tantôt au sein des massifs d'*alquifoux;* enfin on rencontre des morceaux de chlorure d'argent d'une grande beauté dans les gissements argilo-ferrugineux.

Des échantillons de minerai choisi m'ont donné, à l'analyse, 79 % de plomb, et 3 k. 5 d'argent par tonne, en chiffres ronds.

Les schlicks des cribles : 75 °/₀ de plomb et 1 k. 5 d'argent.

L'alquifoux : 67 °/₀ de plomb et 1 k. 3 d'argent.

Les tables à secousses : 72 °/₀ de plomb et 1 k. 9 d'argent.

Les schlamms des tables : 76 °/₀ de plomb et 2 k. 4 d'argent.

Eu égard au peu de commodités dont je jouissais pour mes opérations, les chiffres qui précèdent peuvent être discutés ; néanmoins j'apportai beaucoup de soin aux analyses, aussi ai-je la conviction de ne pas avoir fait d'écart trop sensible.

Le travail de la mine, les procédés d'extraction, le mode de traitement du minerai métallique sont encore, là-bas, à l'état rudimentaire. Mauvaise poudre ; outils défectueux et insuffisants ; absence totale de fortes pompes, de machines hydrauliques, de puissants moteurs, de fourneaux à réverbère, de réactifs convenablement combinés, etc. Ainsi la besogne avance lentement et les résultats sont infiniment moins productifs qu'ils ne devraient l'être... On exploite généralement à ciel ouvert. A peine une galerie est-elle entamée, on l'abandonne. L'aérage et l'épuisement des infiltrations d'eaux qui se produisent sont des obstacles qu'on ne cherche même pas à vaincre : on se porte aussitôt sur un autre point.

Baudhouyn-Dgyé est un grand village. J'eus occasion d'y voir plusieurs commerçants chinois qui étaient venus échanger des tissus contre du plomb, disaient-ils; mais, en réalité, contre des lingots dérobés à l'atelier de coupellation, et contre des blocs de galène ou des morceaux d'argent natif, presque pur, détournés aux chantiers d'abattage. . . . .

. . . .

Le *Shabunder* — surintendant ou directeur des mines, — était un personnage revêtu de la dignité de *Ouondouck*, titre correspondant à celui d'inspecteur et de délégué du ministre des finances. Il était assisté et suppléé, au besoin, dans ses fonctions par un *Tsaré-dau-dgyé* ou secrétaire impérial. Il avait aussi deux simples *Tsaré-dau*, ou secrétaires scribes, de son choix. Ceux-ci étaient tenus d'avoir toujours à la main leurs *para-becks*, ou tablettes noires, à l'effet d'y consigner ses remarques. En tenue d'étiquette, il aimait à se parer d'un *Tsal-oué* à dix rangs (1), et se faisait précéder de plusieurs ombrelles.

---

(1) L'empereur, YAYA ou YASA, confère divers insignes honorifiques : l'aiguière est la coupe d'or; le sabre, dont la poignée et le fourreau, également en or, sont incrustés de rubis; des ombrelles ou parasols de toute grandeur, de toutes nuances; trois espèces de coiffure, dont l'une affecte la forme d'une calotte garnie de pierreries, l'autre ressemble à une couronne fermée, la dernière a presque l'aspect d'une mître; enfin le *Tsal-oué*, chaîne d'or à plusieurs rangs, qui se porte en sautoir. Cette décoration rappelle le *nœud* brahmanique, ou des BRA-MASSÉRIS, ainsi que le *cordon* des SRAMANAS, ou initiés

La position de shabunder a de l'analogie avec celle de nos anciens fermiers-généraux. . . . . Par suite du mode administratif adopté dans ces contrées, par suite du peu de soins apportés à l'apurement des comptes et de l'éloignement où il se trouve de la capitale, le titulaire de Baudhouyn-Dgy serait quasi indépendant, n'était la présence de son suppléant, ce qui l'empêche de rendre ses comptes à vue de nez. D'ailleurs, nul n'ignore que le chef de l'État ne se gêne guère pour faire rendre gorge aux fonctionnaires dont la gestion est taxée d'infidélité : exactions, concussions ou prévarications. . . . .

En Birmanie, on ne bat pas monnaie. L'or, l'argent et le plomb en nature sont les signes représentatifs de la valeur monétaire.

L'or se débite en petits lingots. Quoique la plupart des cours d'eau roulent des pépites, ce métal reste rare parce qu'on le réserve pour dorer les pagodes, les sanctuaires, les palais des princes ainsi que l'habitation des hauts dignitaires de l'ordre religieux, et pour confectionner certains objets de luxe. . . . .

Les saumons et les morceaux de plomb en

---

bouddhistes. Elle a sa hiérarchie. Le degré le plus élevé est représenté par vingt-une rangées ; le souverain a seul le droit de les porter. Le grade inférieur n'en a que sept. . . . .

feuille constituent la menue monnaie. Rien de plus incommode, de plus embarrassant. Les moindres denrées équivalent à la charge d'un homme. . . . . .

L'argent circule en coupelles de la grandeur et de l'épaisseur d'une tartelette. On les apprécie au poids et au titre de l'alliage. L'unité de poids est le *Tickal*, lequel se subdivise en fractions infinitésimales, et se cumule en nombre décimaux. Le tickal est commun aux différents peuples de l'Indo-Chine; c'est la base des échanges. Son véritable nom, en birman, est le mot *Dja*. Le tickal, ou *dja*, ayant un étalon officiel, présente quelque garantie comme unité de poids; mais il n'en offre aucune comme unité monétaire, l'alliage de l'argent n'étant nullement réglementé.

Le produit de la majeure partie des mines d'argent est versé en nature dans les caisses de l'Emreur ou Yasa, lequel pourvoit aux divers services administratifs. Le produit de quelques autres est dévolu à l'aîné des frères du souverain, à l'*Ein-Shé-Mheng*, ou héritier présomptif, qui a la direction du matériel et des constructions de guerre... Les lingots provenant de l'extraction s'expédient quatre fois par an, de la mine à la capitale, sous bonne escorte et sous la responsabilité personnelle de chaque Tsaré-dau-dgyé... L'argent mis en circulation par les officiers de l'empereur est censé au dixième d'alliage; on lui tolère une latitude de deux pour cent ; néanmoins il en contient plus souvent quinze que douze. Celui qui sort des mains du trésorier de l'Ein-Shé-Mheng devrait être au quinze pour cent d'alliage ; il atteint fréquemment au vingt pour cent..... Quant aux commerçants, ils n'ont ni règle ni limites sûres. Ils fondent et refondent les coupelles à leur guise ; ils les plombent à l'intérieur ; ils les argentent à l'extérieur. Jugez de la confusion !... Ces industriels sont tellement exercés à ce métier, qu'ils savent apprécier au premier coup d'œil la valeur réelle des lingots ; mais les personnes qui ont affaire à eux n'ont pas toutes la même habileté : d'où naissent des contestations interminables et des voleries ignobles. On trouve à chaque bazar des changeurs qui escomptent en monnaies anglaises les lingots d'argent ; or il arrive qu'il y ait une différence de cinq à dix pour cent, d'une estimation à l'autre. . . . . . .

. . . .

. . . .

Le Shabunder de Baudhouyn-Dgyé me combla de prévenances, de gracieusetés..... Sa conduite fut-elle désintéressée ? En agissait-il ainsi envers moi parce qu'il savait que j'avais accès près de l'Empereur, près de l'Ein-Shé-Mheng, et que les *Mhenguys*, *Ouonguys* ou *Ataouns* — diverses catégories de ministres, — me recevaient en particulier ? Ou bien redoutait-il de ma part quelque indiscrétion, quelque divulgation compromettante ? Je ne le pense nullement. Je supposerais plutôt qu'il eût souhaité me garder le plus longtemps possible près de lui afin d'utiliser mes faibles connaissances à l'endroit des manipulations chimiques, de manière à apprendre de moi quelque procédé dont il pût se faire honneur ou tirer parti pour son avancement.

Dès mon arrivée, il mit à ma disposition, pour mes gens et moi, une habitation grandiose ; mais je choisis un *mhat* (1) des plus modestes où je m'installai après avoir congédié les convoyeurs, leurs bêtes de somme m'étant inutiles... Il prétendait m'héberger ; je ne le voulus pas. Il m'offrit des serviteurs, des femmes, des chevaux ; je les refusai. Enfin il me donna des concerts, des fêtes, des spectacles, ce à quoi je ne pus m'opposer.

A n'en pas douter, Désiré, Joseph, le Laos et Louglé furent l'objet de tentatives adroites, de sa part. On dut certainement chercher à les faire jaser ; on essaya de savoir, par eux, ce que j'étais venu faire si loin de la capitale ; on aurait tenu à être renseigné sur ce en quoi je pouvais être accessible... Le Laos et Louglé, très-circonspects de leur naturel, ne m'eussent inspiré aucune inquiétude. Il n'en aurait pas été de même de Joseph et de Désiré. Faibles, inconsidé-

---

(1) Le *mhat* est un enclos palissadé au centre duquel se trouve une habitation, ordinairement en bois, pourvue d'une galerie couverte, appelée *verendah, ouarenda, varande.*

rés, sensuels comme ils l'étaient, on les eût facilement séduits. Quelques cruches d'arack offertes
par la main des Grâces, — c'est-à-dire une abo-
minable boisson, servie par d'affreuses drôlesses, —
et c'en était assez pour leur délier la langue, si,
par cas, j'avais commis l'imprudence de leur donner à connaître mes intentions. N'en sachant pas
davantage, ils ne purent dire rien autre chose
aux questionneurs des deux sexes sinon que j'é-
tais un amateur passionné de la chasse. . . . .

Par une après-midi, la veille du jour fixé pour
notre départ de Baudhouyn-Dgyé, le Ouondouck
m'offrit d'envoyer des hommes à la découverte à
l'effet de reconnaître les gîtes où les chevrotains
à musc devaient s'être réfugiés en suite de la battue qu'on leur avait faite naguère dans les parages précités. «Nous aurions pu, disait-il, être ren-
«seignés en moins d'une semaine...» Ce que je vis
de plus clair dans cette proposition, c'était un retard
d'une quinzaine de jours... La peine que j'aurais
causée au Laos, en acceptant, dicta mon refus.

Le Ouondouck ne se rebuta pas. Il me parla de
chevaux sauvages... Quelque séduisante que fût
cette partie, j'eus pourtant la force de résister à la
tentation.

A bout d'expédients, il me demanda, comme
une faveur insigne, de vouloir bien visiter avec
lui un gisement de plomb argentifère qu'on avait
mis à nu depuis peu, ajoutant qu'il aurait été
charmé d'avoir mon opinion touchant le rende-

ment probable de ce filon, avant de placer des mineurs à pied d'œuvre. Mon hôte me prenait par la flatterie. Tout imparfaits que fussent les procédés d'extraction dont ses gens se servaient, il aurait eu le moyen d'être renseigné par lui-même, sous un bref délai. Peut-être l'eut-il été un peu moins bien que par moi, il est vrai ; mais, chez eux, on n'y regarde pas de si près..... Au résumé, quoique j'eusse déjà séjourné cinq jours pleins à Baudhouyn-Dgyé et que je me fusse promis de partir le lendemain, je différai mon départ de vingt-quatre heures pour donner à mon hôte une entière satisfaction.

Le jour suivant, dans la matinée, au moment de monter à cheval, en compagnie du Ouondouck et de sa suite, Désiré me pria, par l'organe de Joseph, de le dispenser de cette course, vu l'état de souffrance dans lequel il disait être. Son indisposition, selon moi,, était le résultat d'un excès de liqueurs spiritueuses. Il se plaignait de crampes d'estomac, de haut-le-corps, provoqués par un besoin continuel de vomir, en outre il ressentait au *rectum* une vive douleur. Ces prodromes m'inquiétèrent..... Je lui fis absorber soixante grammes de sel d'Angleterre, comme purgatif ; je lui prescrivis la diète, le repos, et je lui recommandai de prendre d'heure en heure, jusqu'à mon retour, une légère infusion de thé...

Nous voici à la mine.

Sur le flanc d'un escarpement rocheux de peu

d'élévation, on distinguait d'assez loin une inter-section métallique de trois mètres cinquante de largeur. Nous approchons et nous voyons le plus beau minerai qui soit au monde. La croûte supé-rieure avait peu d'épaisseur ; le couvert et la gangue ne présentaient à l'attaque qu'une diffi-culté relative ; l'inclinaison de la masse métalli-fère indiquait que le filon ne devait plonger qu'à une distance assez éloignée... Mes remarques fu-rent accueillies avec empressement par mon hôte ; il les fit transcrire par ses scribes ; une troupe de mineurs attaquèrent la veine, nous re-cueillîmes des échantillons, après quoi nous retour-nâmes au village. Pour ne plus revenir sur ce su-jet, disons que l'analyse de ces blocs de galène confirma pleinement mes appréciations...

Joseph, toujours fringant, étourdi, s'était for-tement meurtri le pied droit en grimpant sur les roches. Sa blessure semblait légère.. Il banda la plaie avec son mouchoir et nous le ramenâmes à cheval afin d'éviter que l'inflammation ne se déclarât... De retour à notre demeure, il s'obstina, malgré mes observations, à vaquer aux détails de son service, disant ne pas souffrir du tout.

Désiré s'était assoupi..... Dans la persuasion que le repos achèverait de calmer son mal, je donnai des ordres pour le départ du lendemain, je procé-dai paisiblement à mes analyses, je fis porter chez le Ouondouck les lingots que j'obtins, puis je me couchai à la tombée de la nuit.

Le matin, en me levant, je vis sur le perron de la varande un serviteur du Ouondouck, chargé de m'annoncer que son maître allait venir me souhaiter bon voyage dans un instant... Bientôt le Laos me rejoignit, ainsi que Louglé..... Joseph et Désiré n'étaient pas debout. Je les appelai brusquement. Ils me répondirent, de la pièce voisine et d'une voix lamentable, quelques mots inintelligibles. J'accours près d'eux, je les interpelle de nouveau... Alors Joseph me montre son pied, énormément enflé, tandis que Désiré, grelottant la fièvre, enfonce sous la couverture sa figure de déterré.....

Mille morts ! je les aurais envoyés tous les deux aux cinq cents diables !... Je maugréais, je tempêtais, maudissant l'intempérance de ces mauvais garnements : bon ! le Ouondouck survient... Après force compliments et remerciements affectueux, il me conjure d'accepter en mémoire de lui, comme un faible témoignage de sa gratitude, un cheval sauvage, nouvellement dompté, disait-il, qu'un de ses gens tenait en main, sellé et bridé, à la porte extérieure du *mhat*..... « Sapristi ! pen-
« sai-je à part moi : dans son désir d'apprendre à
« analyser le minerai d'argent, mon aimable
« hôte aurait-il envie que je me casse le cou
« afin de me garder plus longtemps près de
« lui ?... »

— Merci ! lui dis-je un peu sèchement, bien décidé à refuser son cadeau.

Cependant je m'approchai machinalement du cheval et je me pris à l'examiner.

C'était une bête d'une beauté, d'une vigueur qui me surprirent... Robe aussi noire que du jais, à tous crins ; balsannes haut-chaussées, mais uniformes et régulières ; en tête, par une étoile bien radiée ; les membres d'une finesse et d'une souplesse achevées : les jarrets d'une ampleur extraordinaire, le poitrail excessivement développé.....

Je m'avance un peu plus près... Hola! ses naseaux fumants m'inondent de vapeur et ses prunelles rougeâtres me lancent un regard de flammes...

D'une main, son conducteur le maintenait haut et court, ce qui le tracassait en l'obligeant à lever la tête ; de l'autre, il lui montrait un rotin, ce qui lui inspirait une vague méfiance.

Je parle à l'animal, je veux lui ouvrir la bouche pour connaître son âge : il m'envoie un furieux coup de dents, que j'eus le bonheur d'esquiver, et décoche aussitôt une ruade sans pareille.

La colère me gagne.....

J'étais botté, éperonné... Je passe du côté montoir, je lui saute lestement sur le dos sans mettre le pied à l'étrier, je saisis les rênes pour le rassembler ; il se cabre !... Je lui enfonce mes molettes dans les flancs, jusqu'à la tige, il essaie de se dérober... Je redouble, en lui rendant la main; ensuite, les jambes près, les rênes fermes, égales et séparées, je l'entraîne, je tire les six coups de mon revolver entre ses oreilles, et, malgré ses hennissements, malgré ses écarts, malgré ses coups de tête, je le contrains de faire plusieurs fois le tour de l'enclos à une allure infernale ; enfin je l'arrête net, instantanément, près de l'entrée du *mhat*, en lui labourant l'avant-bras droit du taillant de mon éperon...

Quand j'eus sauté à terre et remis les rênes à Louglé, l'animal ne bougea plus. Il était couvert d'écume ; la sueur ruisselait sur son corps. Il fut saisi, durant dix minutes, d'une trépidation convulsive et poussait des grognements concentrés.

Le Ouondouck me considérait d'un air stupéfait ; j'avais grandi de vingt coudées dans son esprit.

— J'accepte votre présent avec reconnaissance, lui dis-je... Un accident, — la maladie de mes deux domestiques, — m'oblige à prolonger mon séjour à Baudhouyn-Dgyé.. Vous m'aviez offert d'organiser à mon intention une chasse au cheval sauvage : eh bien ! j'accepte... Seulement, veuillez prévenir vos gens que je casserai impitoyablement la tête d'un coup de pistolet au premier qui s'avisera d'introduire une goutte d'arack ou de vin de latanier dans mon habitation...

— Boohguy, répliqua-t-il, la chasse en question ne saurait avoir lieu qu'après-demain... Je donnerai des ordres en conséquence... Quant aux individus qui seraient pris en défaut, corrigez-les

comme vous l'entendrez... A propos, faut-il vous
préparer un éléphant pour monture ?

— Non ; je préfère le cheval. D'ailleurs je veux
dompter celui dont vous venez de me faire cadeau....

— Comme il vous plaira.....

Ce disant il se retira, ne sachant trop s'il devait se féliciter ou se repentir d'avoir provoqué
ces arrangements.....

V

J'avais une idée, je la mis sur le champ à exécution.

Suivi du Laos et de Louglé, je me rendis près
de nos deux malades.

— Êtes-vous disposés à vous laisser soigner, ou
bien préférez-vous que je vous abandonne ici ?
leur dis-je.

— Maître, je vous obéirai en tout ce que vous
me commanderez, répondit Joseph d'un air con-
trit.

— Ne me laissez pas ici, Monsieur ! je ne vivrais
pas quarante - huit heures, murmurait Désiré
d'une voix dolente... Je souffre le martyre, je ne
puis rien garder dans l'estomac...

Je sortis avec les deux Indiens.

— Il règne dans votre pays, leur dis-je, des maladies inconnues en Europe... Je ne suis pas médecin... Consultez-vous, et voyez si vous croyez pouvoir guérir promptement ces deux hommes.

Ils se concertèrent un moment à voix basse.

— Je guérirai Joseph, reprit le Laos.

— Et moi je guérirai Désiré, ajouta Louglé.

— En combien de temps seront-ils en état de voyager à cheval ?

— En quatre ou cinq jours, répondit le Laos.

Louglé fit un signe de tête affirmatif.

— A l'œuvre, donc ! je vous les livre...

Deux heures plus tard, Joseph et Désiré, étendus sur leur couchette, poussaient des cris aigus... Le quatrième jour, ils se promenaient autour de la varande. Le cinquième, ils purent supporter la monture...

Ce fut durant cet intervalle qu'eut lieu la chasse au cheval sauvage. Mais, avant d'aborder ce récit, je dirai comment furent guéris mes deux hommes . . . .

A la suite de notre conversation, le Laos se mit en quête de médicaments.

Pendant ce temps, Louglé torréfia une poignée de riz sur une poêle, le réduisit en poudre, le fit bouillir dans un litre d'eau et administra, en deux prises, à Désiré, ce breuvage tel quel, c'est-à-dire avec sa lie... Les vomissements cessèrent ainsi que les crampes d'estomac. Cependant les douleurs anales subsistaient encore, aussi violentes qu'auparavant.

Le Laos rapporta de sa tournée une écuelle de graisse d'élan, quelques tubercules de *fou-lin*, une dizaine d'épingles noirâtres et une poignée de boulettes de la grosseur d'un pois chiche.

Ces épingles, très-fines, très-pointues, sont en fer aciéré. On les trempe à l'huile de… (1), qui les enduit ainsi d'un vernis propre à empêcher l'oxydation.

La plante à laquelle nous donnons en Europe le nom d'armoise possède, dans l'Indo-Chine, une variété épineuse, très-aromatique. Les feuilles, plus dentelées que celles de l'espèce vulgaire, sont recouvertes d'un duvet cotonneux. On les cueille vertes. Lorsqu'elles sont privées de leur humidité végétale, on les bat, on en extrait le parenchyme, on le passe dans une eau saturée de soufre et de salpêtre, et on en fait des boulettes qui deviennent très-inflammables une fois sèches… Elles fusent comme de l'amadou en se comburant.

Désiré, déjà un peu soulagé, s'étant couché sur le ventre, Louglé lui planta cinq épingles à chaque fesse, près du périnée. Il eut soin, en les retirant, de comprimer avec ses doigts l'orifice des

---

(1) Ceci est une découverte qui m'appartient. Je la divulguerai en temps opportun.

piqûres afin qu'il n'y eut pas épanchement de sang, ou mieux pour que les goulelettes extravasées restassent dans le trajet, ce qui devait contribuer à développer plus vite l'inflammation et, par suite, la suppuration. Ensuite, ayant placé une boulette sur chaque ponction, il y mit le feu. Les boulettes, en brûlant lentement, formèrent autant de *pointes* ou *boutons de feu* sur lesquels l'opérateur disposa du coton ouaté, enduit de graisse d'élan.

Le Laos pratiqua la même opération sur le pied de Joseph, en ayant soin d'enfoncer les épingles peu profondément et sur les points les plus charnus, non sur les rameaux sanguins.

Dès le lendemain, les brûlures se transformèrent en plaies purulentes... On renouvela le pansement précité, les malades furent astreints, les jours suivants à ne boire que de la décoction de foulin, puis ils se rétablirent ainsi que nous l'avons dit précédemment.

A ce qu'il paraîtrait : le mucilage de riz agit comme lénitif absorbant ; le moxa d'armoise, plus douloureux que la ventouse, constitue tout à la fois un dérivatif et un résolutif très-énergique ; enfin le foulin possèderait l'éminente propriété de ramener à son état normal l'organisme perturbé, attendu qu'il fonctionne tantôt comme laxatif, tantôt comme astringent, toujours comme fébrifuge et calmant...

Je voulus rapporter en Europe un petit panier

de foulin que je m'étais procuré à grand'peine :
ce misérable Joseph le laissa tomber à la mer au
moment où je m'embarquais...

VI

Quoique rangée sous la domination birmane, la
population de Baudhouyn-Dgyé se compose, en
majorité, d'individus appartenant aux peuplades
voisines : Shans, Paloungs, Liluns, Kakuys et autres. La chasse au cheval sauvage a, pour ces
gens-là, presque tous ouvriers mineurs, un vif
attrait. Le travail de la mine est remplacé par un
exercice qu'ils aiment ; ils renouvellent gratis
leur provision de viande fumée ; ils vendent aux
Chinois les jambons ainsi que les chevaux capturés ; c'est donc une partie de plaisir, nullement
une corvée.

La limite de la circonscription des mines ne
s'étend qu'à un rayon de trois ou quatre lieues
vers le Sud ; mais il existe, au delà, un territoire
neutre, parsemé de jongles, de marécages, de
prairies, de collines boisées. Les tribus limitrophes
sont soumises ; mais, lorsqu'on descend le cours du
Salouein, on rencontre des peuplades indépendantes, que les Anglais qualifient pour cela du
titre de *sauvages* . . . .

. . . .

Le Ouondouck procéda grandement ; son amour-propre y était engagé.

A peine m'eut-il quitté, après l'incident rapporté plus haut, il dépêcha quelques éclaireurs en avant... Le lendemain, il expédia une cinquantaine de cavaliers, pourvus d'armes à feu... Le surlendemain, nous partîmes ensemble, suivi du ban et de l'arrière-ban des hommes valides, convoqués pour la circonstance. Ceux-ci étaient armés de leurs dahs. Quelques-uns d'entre eux, les officiers, avaient des fusils ; par prudence il leur fut interdit de s'en servir pendant la battue.

On se mit en route aux premières lueurs du jour. La colonne se composait de [deux cents hommes, les uns à pied, les autres à cheval. Quand nous marchions à une allure lente, les piétons nous devançaient au pas de course ; nous les rattrapions au trot ; ensuite ils reprenaient les devants.

Le long du chemin, nous rencontrâmes deux carcasses d'éléphants, les premières que j'eusse vues depuis Bahmoô et Mohmeit (1).

---

(1) Certains auteurs classent l'éléphant parmi les bêtes de somme communes en Chine ; c'est une grave erreur. Les éléphants y sont amenés du Cambodge, du Siamou de la Birmanie, comme animaux de luxe. Ils y dépérissent promptement et ne se reproduisent pas. Les

Evidemment elles provenaient de sujets qui avaient dû s'égarer loin de la zône que ce pachyderme fréquente.

Vers dix heures du matin, après cinq heures de marche, nous débouchâmes sur une immense clairière, entourée partout de massifs excepté en face de nous; mais une rivière très-encaissée servait de barrière naturelle de ce côté-là.

Le détachement qui nous avait précédé la veille avait construit un abri en feuillage au centre de la plaine. On s'y arrêta pour déjeuner. Cette cabane devint le siége de l'état-major.

Les musiciens du Ouondouck sonnèrent aussitôt une fanfare à leur façon, avec accompagnement de gong et de cornets de buffle. Ce devait être une chose convenue, car une estafette, tandis que nous déjeunions, vint nous annoncer que les éclaireurs avaient dépisté la bande de chevaux sauvages et que le chef du détachement de cavaliers avait pris ses dispositions pour la rabattre de notre côté. Le Ouondouck lui enjoignit d'indiquer à celui de ses officiers que ces détails concernaient, les issues qu'il faudrait occuper et de s'en retourner prévenir le chef du détachement qu'on ne tarderait pas à lui donner le signal de l'attaque.

---

latitudes de la Chine leur conviennent peu, si ce n'est celle du Kouang-Si et du Kouang-Tong, provinces situées le plus au Sud.

Au moment où nous achevions notre frugal repas, arrivait un convoi de chariots traînés par des buffles. Ces véhicules contenaient tout un chargement d'entraves façonnées au moyen de lianes et de cordages, de lacets, de nœuds coulants, etc., en écorce d'arbre.

On se forma par groupes de chasseurs, on assigna les postes, on distribua les engins, puis on se dispersa, qui à gauche, qui à droite, qui sur la limite des jongles, qui en arrière des abords, si bien qu'on occupa toutes les issues dans la direction opposée à celle par où on supposait que les chevaux sauvages feraient irruption dans la plaine.

Le Ouondouck,

Se plaint de sa grandeur qui l'attache au rivage,...

s'installa prudemment sous l'abri en feuillage. Il m'invita vainement à l'imiter. La vue d'une troupe de chevaux en liberté, traversant à toute vitesse une vaste plaine, lui semblait, me dit-il, ce qu'il y avait de plus intéressant à cette chasse, et, je pense, de moins dangereux... Mon vif désir de lui complaire n'alla pas jusqu'à lui tenir compagnie durant la lutte. Je ne m'étais pas dérangé, je n'étais pas venu jusque là pour rester les bras croisés.

Quatre de mes serviteurs indigènes, non compris le Laos et Louglé, m'accompagnaient ; les autres étaient demeurés au village pour veiller sur mes bagages et avoir soin des malades.

Au départ, je montais le cheval noir dont le Ouondouck m'avait fait cadeau. Il ne tarda pas à témoigner l'intention de me jouer un tour ; j'eus l'œil sur lui. Néanmoins, dès qu'il perçut les émanations pénétrantes qui provenaient du passage des cavales sauvages à travers les jongles, dès qu'il entrevit la plaine qui s'étalait devant nous, ce fut de sa part toute une gamme de notes métalliques, capables de trahir la marche de la colonne, et une série, non interrompue, de mouvements brusques, de trépignements saccadés, de soubresauts violents. Si j'avais été moins attentif, il m'aurait désarçonné vingt fois pour une... Lorsque je mis pied à terre, Louglé l'attacha solidement par son licou à un des supports de la cabane, lui mit des entraves, lui banda les yeux et lui ajusta un tord-nez. Désormais, j'étais tranquille sur son compte.

Le Ouondouck, voyant ma persistance à vouloir le quitter, me conseilla de me joindre au groupe chargé de barrer le principal passage, celui dont l'ouverture devait, par sa largeur, attirer particulièrement l'attention des chevaux sauvages. Mes instincts de chasseur, guidés en cela par les renseignements que j'avais recueillis et par une légère inspection des lieux, m'en dissuadèrent. D'ailleurs il me répugnait d'être confondu parmi les hommes de corvée. Je prétendais me passer de leur concours et n'employer que celui de mes gens.

J'allai donc me poster, avec ces derniers, à quatre ou cinq cents mètres en arrière de la plaine, au beau milieu des jongles, à un endroit où deux sentiers, l'un à gauche, l'autre à droite, venaient aboutir à la grande artère, déjà sensiblement rétrécie. Mes six hommes s'embusquèrent à une soixantaine de mètres en dessous de la bifurcation. Je m'établis moi-même, seul, à vingt-cinq ou trente pas plus loin, à proximité de la voie, en un endroit où je pus ranger contre un gros arbre ma carabine, un fusil ordinaire ainsi que mon Schneider, à culasse mobile. Cette arme, par son mode de chargement, convenait à la situation. Enfin, après avoir noué les rênes du poney à une branche, j'examinai le barillet de mon revolver. Les tubes étaient garnis de leurs cartouches..... Je replaçai l'arme à ma ceinture.

A cet instant, la fanfare du Ouondouck retentit avec un *crescendo* bruyant auquel le gong entremêlait ses tintements prolongés. Sans nul doute, c'était le signal de l'attaque. J'en eus des battements de cœur.....

Afin qu'on soit à même d'apprécier la justesse de mes dispositions, j'esquisserai les us et coutumes de ce genre de chasse, le plan général de la bataille cynégétique à laquelle j'assistai, ainsi que la stratégie de l'avant-garde, c'est-à-dire la manœuvre des traqueurs.

VII

Sur les limites de la région peuplée de chevaux sauvages, les éclaireurs s'aident d'une foule d'indices pour découvrir la trace de ces animaux. L'état des fumées déposées par-ci par-là, la fraîcheur des empreintes sur le sable et sur les terrains humides, l'inclinaison des herbages foulés, le broutillage des jeunes taillis, les dégâts causés aux tiges d'arbustes, l'aspect du broussin des arbres et l'éraflure du tronc contribuent à les mettre sur la voie. Une fois la piste levée, ils doivent s'appliquer à ne pas laisser deviner leur présence, car les chevaux sauvages, vivant par troupes, se gardent entre eux au moyen de vedettes et se réunissent au moindre bruit pour fuir ou pour affronter tous ensemble le péril qui les menace, les poulinières et leurs petits étant placés au centre du troupeau.....

Lorsque les éclaireurs ont donné avis au chef des cavaliers qu'ils ont découvert une bande, celui-ci disperse ses hommes : il fait entourer le troupeau de fort loin ; il surveille tous ses mouvements, afin qu'il ne puisse s'enfuir ; il étudie l'emplacement, la nature du sol, les accidents de terrain, à l'effet de diriger la battue vers un point

16.

où les chasseurs aient de la facilité à établir des embuscades ; il rend compte à qui de droit des dispositions qu'il a prises ; enfin, sitôt que les cavaliers se mettent en marche, chassant le troupeau dans la direction convenue, il veille à ce qu'ils étendent les ailes marchantes de manière à empêcher que les animaux ne s'échappent par quelque interstice latéral..... Dans ces divers mouvements, les cavaliers poussent de grandes clameurs, tirent des coups de fusil à poudre, voltigent en tous sens, et ne négligent aucun des simulacres susceptibles de semer la terreur parmi les chevaux sauvages... Ceux-ci s'enfuient pêle et mêle, en désordre, vers les issues qu'ils croient libres, et tombent par conséquent dans le piége qui leur est dressé. . . . .

Les chasseurs, réunis par pelotons de dix à vingt hommes, armés de leurs dahs, munis d'une foule d'engins, s'emparent des sentiers, s'y cachent, tendent des cordages en travers, et, lorsque les chevaux sauvages sont arrêtés par l'obstacle ou renversés par le choc, ils leur lancent des lacets, des nœuds coulants, les capturent, les entravent, ou bien ils abattent à coups de dah ceux qui ont eu quelque membre fracturé dans la bagarre.

Les Indiens ont l'habitude de tendre les cordages trop espacés entre eux ; aussi ces cordages se rompent-ils, parfois, l'un après l'autre, du même choc. En outre, ils tiennent toute la corde de leur lazzo à la main. Cette méthode présente des inconvénients graves. Le chasseur, entraîné par le cheval sauvage, se déchire aux buissons ou se heurte aux troncs d'arbres ; souvent il y trouve la mort ; de vainqueur qu'il était, il devient le vaincu !... Instruit par ce dont j'avais été témoin à la chasse des éléphants, je recommandai à mes gens de tendre leurs cordages deux par deux, de choisir les lazzo les plus longs, les plus forts, et de fixer l'extrémité de la corde à un arbre afin que les chevaux capturés ne pussent opposer aucune résistance, quittes à s'étrangler eux-mêmes en tirant sur l'attache. . . . .

. . . .

J'attendais avec une indicible impatience le moment de la lutte, quand j'entendis dans le lointain des détonations d'armes à feu. Elles se succédaient, sans interruption, sur une ligne courbe qui semblait se rapprocher insensiblement du centre. Ce fut alors une explosion de hennissements de toute espèce de la part des chevaux sauvages, encore cachés à nos yeux... Les vedettes poussèrent leurs cris d'alarme, vibrants, aigus comme des coups de clairon ; les mâles déployaient avec fierté leur voix puissante ; les poulinières, inquiètes, rappelaient impérieusement leurs petits ; et les poulains, effrayés, ralliaient, d'un organe tremblottant, le giron maternel... Mais, dans notre direction, la plaine, les jongles, les sentiers, nos perfides retraites affectaient un silence sinistre.

Les cordages étaient tendus, les nœuds coulants étaient prêts, les sabres étaient levés!...

Je perdis patience... Ayant détaché mon poney, je remontai la voie en longeant l'embuscade la plus importante, c'est-à-dire la plus nombreuse, et m'arrêtai à la lisière des jongles, masqué par un bouquet d'arbustes épineux.

Bientôt un cavalier se montra de l'autre côté de la plaine, sur la gauche; puis un autre, sur la droite. Ils s'avancèrent ainsi, parallèlement, à sept ou huit cents pas l'un de l'autre, suivis chacun de sa file respective... Les cavaliers, espacés entre eux à une distance qui décroissait sans cesse, se déployaient comme deux murailles enflammées et mobiles, en déchargeant leurs armes.

La plaine avait bien mille mètres en largeur et le triple en longueur.

Tout à coup une vingtaine de chevaux, — c'était l'avant-garde, — sortent des fourrés situés en face de nous, s'élancent dans la plaine avec la vélocité d'une flèche, et, parvenus au tiers du parcours, ils s'arrêtent, attendant le reste du troupeau, examinant le terrain, observant l'ennemi, sondant les mystérieuses profondeurs des jongles lointains... La vue des deux ailes marchantes leur fit croire que l'unique moyen de salut était de foncer droit devant eux en laissant sur leur gauche la cabane de feuillage....

Après un temps d'arrêt d'une demi-minute, ils poussent simultanément un cri d'une inflexion rauque, étrangement cadencée, et poursuivent intrépidement leur course...

Le gros du troupeau apparaît comme un tourbillon; il se précipite aveuglément sur la trace des guides !... Je tourne bride et regagne mon poste au galop...

A peine la masse eut-elle dépassé la cabane, la musique du Ouondouck éclata, redoublant ainsi la frayeur, la vitesse, l'impétuosité des fuyards. Alors ce que j'avais prévu se réalisa...

L'avant-garde des chevaux sauvages s'était engagée sans hésiter à travers le sentier le plus large, le plus apparent. Les uns roulèrent sur le sol en se heurtant aux cordages; les autres se renversèrent sur les premiers, bousculés par ceux qui les suivaient. Quatre ou cinq s'estropièrent eux-mêmes; on les tua à coup de sabre. Pareil nombre fut pris au nœud coulant ou au double lacet. Le surplus ayant réussi à franchir le barrage, quelques-uns se perdirent, à tout risque, au plus épais des jongles, mais les trois plus hardis tombèrent dans notre embuscade, où mes gens les eurent à bon marché...

Malgré son peu de durée, la scène que je viens de décrire n'avait pu avoir lieu, à la première embuscade, sans provoquer un grand tumulte, un tohu-bohu extrême... La plupart des cordages étaient rompus; les chevaux blessés ou capturés rugissaient en se défendant; les Indiens hurlaien à qui mieux mieux. Un pareil vacarme dut né-^t

cessairement exciter la méfiance du troupeau qui accourait; néanmoins une partie, entraînée par l'impulsion de la masse, pénétra dans le défilé. L , les obstacles n'étant pas encore rétablis, quelques chevaux seulement furent capturés par les chasseurs; les autres vinrent se jeter dans notre barrage, plus solide, mieux disposé, d'un front moins étendu, où mes hommes, malgré leur petit nombre en prirent ou en tuèrent une douzaine. Or les cordages étaient déjà rajustés, le terrain était déjà déblayé quand les pelotons qui avaient suivi les voies latérales vinrent donner dans le même piége. Expliquons ce dernier mouvement.

Épouvanté au bruit que faisaient les chasseurs de la première embuscade, le troupeau, sur le point de s'engager dans le défilé, s'était divisé en trois fractions. J'ai dit le sort de la fraction du centre. Celle de gauche et celle de droite, longeant la lisière des jongles dans ces deux directions, s'étaient partagées également en plusieurs troupes qui se hasardèrent chacune dans un des nombreux sentiers gardés. Quelques fuyards de la section de droite s'étant rencontrés à la bifurcation dont j'ai parlé, avec ceux de la section de gauche, ils donnèrent tous ensemble, tête baissée, dans l'embuscade où mes hommes les traitèrent sans pitié...

Mais les chevaux échappés au fatal lacet étaient obligés de passer devant moi; et, comme je pouvais tirer sans crainte d'accident puisque je me trouvais tout à fait en arrière des autres chasseurs, je ne m'en privai pas. Malgré la rapidité avec laquelle ils détalaient, j'en couchai cinq sur le carreau, dont une poulinière. La pouliche, voyant celle-ci étendue par terre, s'arrêta et se précipita à ses mamelles. Je m'approchai, mu par un sentiment de commisération. La cavale, quoique ayant une cuisse cassée, essaya de me porter des atteintes. Louglé, accouru à mon appel, lança un nœud coulant à la pouliche, et j'achevai la jument à coups de revolver. . . . .

Il n'était pas trop tôt que je rejoignisse le Ouondouck. Mon satané cheval noir faisait ses farces. Il s'était désencapuchonné, il avait brisé ses entraves et son tord-nez, il travaillait à corps perdu à démolir la cabane en feuillage, dont il avait déjà démantibulé la toiture. Si le licou n'eût été solide, si le support auquel il était attaché n'eût été bien enfoncé, il eût fini par aller rejoindre ses camarades dans les jongles. Les assistants l'auraient assommé volontiers. Le Ouondouck, en mon absence, s'y opposa par considération pour moi. J'eus raison de cette noble et fière bête en l'interpellant sévèrement d'abord, en lâchant un coup de revolver à son oreille, en lui parlant ensuite avec douceur et en la flattant... Elle ne bougea plus. Je la montai encore pour retourner à Baudhouyn-Dgyé, ce qui imprima du respect à tous les Indiens, en général assez mauvais cavaliers.   .   .   .   .

Je n'avais assisté de ma vie à pareille tuerie, si ce n'est lorsque je m'étais trouvé à l'abattage des bœufs destinés à un corps d'armée en campagne.

Récapitulation faite, les gens du Ouondouck avaient pris vingt-six chevaux et en avaient exterminés vingt-neuf ; mais plusieurs chasseurs reçurent des contusions graves ; un d'entre eux eut la jambe casssée d'une ruade ; un autre, la moitié de la figure emportée par une morsure ; un troisième s'était fendu le crâne contre un arbre : il expira durant le transport au village..... Mes hommes étaient tous sains et saufs, pourtant ils avaient capturé onze chevaux ou poulains et en avaient tué quatorze, y compris ceux que j'avais abattus. Assurément nous méritions la palme.....

D'après une supputation que je ne crus pas exagérée, le troupeau se montait à deux cent cinquante têtes environ. Quel ravage nous avions commis parmi ces animaux inoffensifs !.....

Cette hécatombe m'avait animé. Je proposai au Ouondouck de passer la nuit sur le terrain du sacrifice , de disperser dans la plaine une dizaine de cadavres, et de faire, le lendemain matin, la chasse aux bêtes féroces. Plus sensé ou moins passionné que moi, le Ouondouck prétexta une affaire urgente. Ma proposition n'eut donc pas de suite.....

Ce personnage avait réellement des formes libérales, affables. Je lui offris la pouliche, qui était fort belle ; il l'accepta sans façons. En revanche, il mit deux de ses chariots à la disposition de mes gens et leur attribua tout le butin qu'ils avaient fait ; ensuite, il partagea les autres dépouilles entre tout son monde, sans rien réserver pour lui-même. Le lendemain, il distribua au prorata, à ceux-ci, l'argent qui provenait de la vente des chevaux capturés par eux, toutefois après avoir prélevé une indemnité en faveur des blessés. . . . .

Notre retour à Baudhouyn-Dgyé fut une véritable entrée triomphale. Il était bien onze heures du soir lorsque nous atteignîmes le village. La population tout entière s'était portée au devant de nous avec des torches. La musique du Ouondouck produisait un effet ébouriffant.

A ma grande satisfaction, je trouvai Joseph et Désiré en meilleur état que je n'osais l'espérer. Leurs gardiens m'assurèrent qu'ils avaient été raisonnables cette journée-là, c'est-à-dire qu'ils n'avaient nullement cherché à profiter de mon éloignement pour se griser.

Le lendemain, on eut dit que le village était en flammes. Dans chaque *mhat*, on fumait la venaison de la veille. Mes gens gardèrent, comme approvisionnement, les pièces peu volumineuses ;

ils vendirent aux Chinois les jambons ainsi que les chevaux vivants. J'évalue à 5 roupies le prix de chaque jambon et à 25 celui de chaque bête sur pied. Je ne voulus pas me montrer moins généreux que le Ouondouck. Le produit de cette vente resta entre les mains de mes hommes ; absents ou présents à la chasse y eurent une égale part. . . . .

. . . .

Les relations que j'eus avec le Ouondouck ont laissé dans mon esprit un agréable souvenir. Il ne cessa d'être obligeant, affectueux envers moi. Quand je quittai Baudhouyn-Dgyé, il eut l'attention de m'offrir un convoi pour transporter mes bagages jusqu'au Nan-Ting (1), à une petite journée de marche de sa résidence, vers un lieu où nous pussions descendre la rivière en bateau. J'appris avec plaisir, quelques mois plus tard, que la gestion des mines lui avait valu un *T'sal-oué* à douze rangs, et qu'on devait lui confier incessamment des fonctions supérieures à celles de *Shabunder*.

Les poulains et les pouliches sauvages s'habituent d'autant plus vite à la vie domestique qu'on

---

(1) Les mots Nam, Nan, Mié, Mhyet, My, Myt, Bhyé, By, Kha, Klo, Ty-Klo, Ty-Kloock, Nhoong, Turil, Haloung, Khyé, Nan-Houck, etc., signifient fleuve ou rivière, selon les divers idiomes de la Birmanie.

les aura capturés plus jeunes. Les vieux chevaux restent rétifs, ombrageux, indociles au frein ; et c'est vraiment dommage, car ils seraient capables de supporter des fatigues incroyables. Il est vrai qu'on les élève sans aucun soin, qu'on ne leur ménage ni les châtiments ni les privations, et qu'on ne sait nullement les rompre au frein par une progression intelligente, mesurée, rationnelle du travail du manége.

Le cheval sauvage de ces contrées, descendant tartare pur sang modifié par les influences climatériques, se distingue par infiniment d'énergie, de feu, de légèreté, de vitesse. Cependant, à part quelques sujets d'une grande beauté, — par exemple celui dont le Ouondouck me fit cadeau, — il a le ventre levretté, le pied trop étroit, les jambes trop longues, le garrot trop prononcé, le cou un peu grêle, la tête trop petite, le front trop roide, trop déprimé, le chanfrein trop allongé, les lèvres trop proéminentes ; mais les aplombs sont parfaits, les reins ne sont pas ensellés, les muscles ont une densité considérable, les longueurs articulaires présentent le développement voulu, en outre l'avant-main et l'arrière-main sont bien ouverts... Les défauts de ce cheval étant la contre-partie de ceux du cheval birman, ils se neutraliseraient mutuellement, les uns les autres, au bout de quelques générations, à l'aide de croisements bien compris ; de même, leurs qualités s'additionneraient entre elles.

La réflexion suivante s'est offerte fréquemment à ma pensée : — Pourquoi le gouvernement birman, en vue d'améliorer sa race chevaline, ne tirerait-il point parti du haras que la nature a mis à sa disposition? Qu'il organise un dépôt d'étalons sur les confins de la région habitée par les chevaux sauvages, qu'il règlemente les chasses en prohibant l'exportation des cavales et l'abattage des pouliches, qu'il accorde une prime pour chaque jument capturée, qu'il les fasse couvrir par ses étalons, qu'il les renvoie ensuite au désert, et le reste coulera de source.....

LA CHASSE AUX FLAMBEAUX

17.

LA

CHASSE AUX FLAMBEAUX

EXPLORATIONS INDUSTRIELLES

APERÇUS GÉOGRAPHIQUES. — MON CHEVAL SAUVAGE FAIT DES SIENNES. — NAVIGATION DU NAN-TING. — UNE VILLE A FONDER. — UN PRINCE SHANS. — L'HOSPITALITÉ. — LA BOITE MYSTÉRIEUSE. — LA CHASSE AUX CHEVROTRAINS A MUSC... NAVIGATION DU SALOUEIN. — LA FAMILLE DU LAOS ET SA TRIBU. — DONNÉES AGRICOLES COMMERCIALES ET INDUSTRIELLES. — GRANDE VARIÉTÉ DE CERFS. — LA CHASSE AUX FLAMBEAUX. — LES ADIEUX.

I

Je le dis avec peine : nous sommes d'une pauvreté désespérante en fait de documents relatifs à l'Indo-Chine. D'Anville n'est plus une autorité quand il s'agit de ce continent... J'ignore s'il existe une carte française de la Birmanie et des pays circonvoisins; tout ce que je sais, — et je l'ai constaté aujourd'hui même, 23 novembre 1865 ; — c'est que le Dépôt de la Bibliothèque Impériale ne possède aucune carte de ces contrées, ni française ni anglaise, qui soit établie sur une échelle un peu large et d'après des renseignements authentiques, dignes de foi.

Un savant me demandait pourquoi je ne comblais pas cette lacune en dressant une carte. Ma réponse fut bien simple : 1° je n'ai jamais songé à explorer ces contrées comme géographe, parce que j'avais un autre but ; 2° j'étais loin de me douter, alors, de notre pénurie ; 3° eussé-je voulu relever des positions, la chose m'eût été impossible attendu que mes instruments avaient été placés subrepticement sous la main de l'empereur des Birmans et que ce souverain jugea convenable de se les approprier, de les détenir indûment, malgré mes pressantes et nombreuses réclamations, ce dont j'espère me venger un jour par des procédés bien différents des siens. . .

. . . .

Tout naturellement, les Anglais sont plus riches que nous en cartes géographiques. Ils en ont une fort belle du Pégu, ou mieux de la Basse-Birmanie, colligée par sir Williams, d'après les travaux de plusieurs ingénieurs et officiers du génie. Ils en ont une autre de la Birmanie et de ses anciennes dépendances, dressée par Roderick-Murchison, d'après la relation de voyage du capitaine Yule ; mais elle est défectueuse, car il s'y est glissé beaucoup de fautes ainsi que cela a toujours lieu lorsqu'une œuvre de cette nature est dirigée par une personne qui n'a point parcouru le pays en tous sens. Entre autres erreurs commises par sir Yule et Roderick-Murchison, je signalerai celle-ci au lecteur :

Ces messieurs traitent de sauvages, en gros caractères, — SAVAGE LAWAS, — les peuplades Laos établies entre le 21e et le 23e degré de latitude, sur les bords du Salouein et au delà du Mé-Mouang, rivière de Mouang-Loung-Dgyé... Eh bien, ces tribus mènent une existence tout à fait patriarcale, elles ont des mœurs très-pures, elles ne sont aucunement hostiles aux voyageurs dont elles n'ont rien à redouter ; je dirai même plus : elles sont très-affables, très-hospitalières envers eux.

Les Anglais, depuis qu'ils se sont emparés de la Basse-Birmanie, remontent le Sittang jusqu'à la frontière birmane, pas au delà. Le Sittang sépare la province de Pégu de celle de Martaban. Le Salouein est la limite des possessions anglaises, — du Martaban et du Ténasserim, — d'une part, et des États Shans, d'autre part. Le district de Tounghôo (Pégu) empiète, il est vrai, sur l'espace compris entre le Sittang et le Salouein, pourtant il ne s'étend pas jusqu'à ce dernier fleuve. Une chaîne de montagnes dont un des sommets — le Nat-Toung, — a près de 3000 mètres d'élévation ; une immense forêt de pins, dont les produits descendent à Maulmein en suivant le cours du Jounssalein ; enfin cette rivière elle-même, dont les rives sont très-escarpées : ces obstacles s'opposent aux envahissements des Anglais et leur barrent le passage vers la rive droite du Salouein. Quoique maîtres des embouchures de ce fleuve, puisqu'ils occupent le Martaban et le Ténasserim ; bien qu'ils se hasardent au delà du Jounssalein, c'est-à-dire jusqu'au confluent du Toungyein et du Salouein, vers le 18e degré de latitude, ils n'oseraient s'aventurer plus haut sur le Salouein. D'ailleurs, qu'auraient-ils à gagner avec les Karens-Nys (Karens-Rouges), avec les Loung-Thoos, avec une confédération de peuplades indépendantes, issues de la grande famille des Karens, avec les Shans, tributaires de la Birmanie, et avec les Laos que Roderick-Murchison appelle des sauvages, au dire de sir Yule, qui ne les a pas visités ?.....

Ces Laos préfèrent la mort à l'esclavage, ils se feraient exterminer jusqu'au dernier d'entre eux plutôt que de courber la tête sous le joug ; et, parce qu'ils ont vu, autrefois, leur territoire envahi, leurs biens ravagés par les nations voisines : Mongolo-Chinois, Siamois, Shans, Pégouans ou Birmans, est-il donc surprenant qu'ils aient de la méfiance envers des étrangers dont ils peuvent suspecter les intentions à juste titre, puisque ces étrangers se sont déjà emparés de tout le littoral ?...

Je parlerai des mœurs, des coutumes de ces Laos, des productions de leur pays, des richesses du sol, de leur industrie, et je fournirai des renseignements applicables, en partie, aux diverses peuplades désignées ci-dessus. Je reprends donc la narration de mes explorations industrielles au point où je l'ai laissée...

II

Il ne survint aucun incident remarquable durant le trajet de Baudhouyn-Dgyé au Nan-Ting. Les convoyeurs que le Ouondouck m'avait fournis nous dirigèrent sur un piètre hameau shans, situé sur la rive gauche du Nan-Ting. S'il m'eût été possible de me procurer immédiatement des bateaux pour descendre la rivière, je ne me serais probablement pas arrêté à ce gite ; mais les bateliers nous firent défaut.

A notre arrivée, le village était quasi-désert. Une quinzaine de jours auparavant, on avait signalé le passage des chevrotains à musc, ce qui n'arrive ordinairement qu'après une période de plusieurs années. Depuis lors les habitants se mettaient en campagne, chaque matin, sous la conduite de leur chef, mais toutes ces courses étaient demeurées infructueuses. Voilà pourquoi je fus obligé d'attendre leur retour, qui n'eut lieu qu'à la tombée de la nuit.

Non loin de là, commence une chaîne de montagnes qui longe sans interruption la rive gauche du Nan-Ting et, ensuite, celle du Salouein jusqu'aux environs de son embouchure dans le golfe de Martaban, soit sur un parcours de sept degrés. Celle qui cotoie la rive droite du Salouein se relie aux dernières ramifications de l'Himalaya par une longue suite de contreforts montueux. A n'en pas douter, ces deux chaînes ne sont qu'un prolongement du prodigieux amas de soulèvements volcaniques que recouvrent les neiges éternelles — IMA-ALAJA, *séjour des neiges,* — où prennent naissance, comme dans un réservoir naturel, la plupart des grands fleuves auxquels le continent asiatique est redevable de sa fertilité. . . . .

. . . .

En l'état actuel des choses, le gîte dont je viens de parler, n'a aucune importance par lui-même; il est trop rapproché de la ligne que suivent les détachements birmans expédiés de Mandalay à Moung-Ting ou à Baudhouyn-Dgyé, et *vice versâ;* pourtant le pays me parut splendide.

Le cours du Salouein, toujours sinueux, toujours encaissé, — sauf près de son embouchure, — est excessivement rapide ainsi que celui du Nan-Ting. Il est donc indispensable que les barques, dont les riverains font usage, soient plates, légères, d'un faible tirant d'eau; il vaut mieux qu'elles courent le risque de chavirer que d'être mises en pièces. Le moindre choc, le moindre abordage, si elles étaient pesamment chargées, auraient des conséquences désastreuses... Ainsi le courant se descend fort vite, tandis qu'on le remonte très-lentement.... Enfin les habitants d'une rive appartiennent souvent à une peuplade autre que celle des habitants de la rive opposée. Ce sont tantôt des Shans, tantôt des Paloungs, des Laos, des Karens, etc...

Par ces divers motifs, je ne pus décider les bateliers auxquels j'avais affaire, à me transporter d'une seule traite, c'est-à-dire sans changer de bateau, jusqu'à la tribu de mon ami le Laos, distance que nous eussions aisément franchie en deux petites journées bien qu'il y eût environ quatre-vingts lieues de rivière. Ils firent marché pour nous conduire seulement au confluent du Salouein, disant : « que nous trouve- « verions là des barques mieux disposées pour « cette navigation fluviale; qu'ils n'étaient ja- « mais descendus plus bas, et qu'ils mettraient « quatre ou cinq jours à s'en retourner chez « eux, quoiqu'ils se chargeassent de nous dé- « barquer en moins de six heures au lieu indi- « qué..... » Il fallut bien en passer par où ils voulurent.....

Mon cheval noir s'était montré d'une sagesse exemplaire de Baudhouyn-Dgyé au Nan-Ting. Lorsque nous traversâmes certains parages qui confinent aux terrains où se tiennent les chevaux sauvages, il donna bien quelques signes

18

d'agitation : il ouvrait démesurément les naseaux, ses oreilles se dressaient par moment, ses regards se portaient dans la direction des sentiers qui croisaient notre route, ou bien il jetait un coup d'œil de convoitise sur les fourrés que nous rencontrions ; mais sa muserolle lui comprimait suffisamment la ganache, sa longe était solide, on le surveillait de près, tellement que ses manifestations n'allèrent pas plus loin. Pourtant je me méfiais de lui, aussi le fis-je attacher, la nuit, à un double piquet, les entraves aux pieds.....

J'avais eu la précaution de me procurer les deux plus grands bateaux possible. Par un effet de ce sentiment un tant soit peu égoïste dont il n'est permis à aucun explorateur de se départir en voyage, puisque c'est sur lui que repose l'entreprise, je prescrivis d'arrimer mes bagages sur la meilleure, la plus large des deux barques, celle que nous devions occuper : Désiré, Joseph, le Laos, Louglé et moi. Les sept Indiens de mon escorte devaient occuper l'autre, avec mes deux chevaux.

Ces dispositions prises et avant de faire pousser au large, je surveillai, assis à l'arrière de mon bateau, l'embarquement des deux bêtes. Le plat-bord était au niveau de la berge, la barque avait peu de profondeur ; le poney se laissa donc guider avec docilité. Mon diable de cheval noir, au contraire, recula vivement et se mit *à tirer au renard* dès qu'il eut été amené contre le bordage. Un des Indiens, malavisé, lui administra sur les fesses un coup de rotin. Furieux, l'animal s'élance, tombe dans la barque, la fait chavirer, bien qu'elle fût encore amarrée au rivage, et entraîne son conducteur à l'eau. Celui-ci lâche la longe... Ma maudite bête, se sentant libre, s'abandonne au courant de la rivière tout en se dirigeant obliquement vers la rive opposée.....

Tandis que le poney regagnait paisiblement le rivage, où il se laissa reprendre sans la moindre difficulté, le cheval sauvage s'éloignait avec la vitesse d'un monstre marin..... Une bouffée de rage me monta au cerveau..... Je saisis ma carabine, j'armai, j'ajustai, je fis feu des deux coups!..... l'animal s'enfonça, reparut, s'enfonça de nouveau, puis il reparut encore, roulant de ci, de là, emporté par l'onde écumante qui l'engloutit bientôt.....

Cette scène s'était passée en moins de temps que je n'en ai mis à la décrire. Les hommes du Ouondouck y assistaient; ils purent en rendre compte à leur maître.

Mes gens aidèrent les bateliers à remettre la barque à flot en entrant dans l'eau jusqu'au cou; et nous partîmes. . . . .

. . . .

En moins de six heures, nous fûmes rendus au confluent du Salouein. Nous avions fait dans

ce court espace de temps une trentaine de lieues
à travers les sites les plus accidentés, les plus
pittoresques, les plus sauvages, les plus majestueux ; néanmoins je n'eus guère le loisir de me
livrer à la contemplation de ce panorama émouvant. Les angles rocheux et les contours abruptes
des falaises se dressaient sans cesse menaçants
devant nous, l'eau tourbillonnait clapotante,
les oiseaux de proie semblaient nous guetter du
sein des régions nuageuses, les mariniers veil-
laient attentivement à éviter l'abordage des
troncs d'arbres déracinés et emportés par les
eaux ; et moi, je restais silencieux, pensif, ému
de ce spectacle, effrayé de ces dangers.....

Nous atterrîmes en faisant engraver nos barques sur la plage, vers la pointe de la presqu'île.
Ah ! le magnifique tableau que celui de l'immense
nappe formée par la jonction des deux rivières,
à une place où les montagnes fuient doucement
en amphithéâtre exprès pour engager les humains
à venir exploiter les richesses qu'elles recèlent
dans leurs flancs !... Si jamais, grâce à l'interven-
tion bienveillante, éclairée, protectrice, — et non
pas conquérante, — d'une puissance européenne,
la civilisation pénétrait au sein des parages birmans ; si jamais l'industrie, le commerce, le progrès parvenaient à s'y introduire, je défierais qui
que ce fût de choisir un emplacement plus propice comme entrepôt commercial dans l'intérieur
des terres... Creusez, en amont du confluent, un

canal de jonction entre les deux rivières, un bassin de relâche de deux à trois mille mètres, assurez les bouches par un chenal, balisez les approches, et vous aurez créé un des centres les mieux favorisés dans le monde entier...

La nature de cette publication m'interdit de discuter ici les avantages d'un pareil projet, ses moyens d'exécution, les résultats qui en découleraient, etc., etc. Qu'il me suffise de dire ceci : — Le Nan-Ting et le Salouein, envisagés isolément, ont chacun, en tout temps, un volume d'eau considérable; ils sont susceptibles d'être mis en communication avec plusieurs autres fleuves et rivières; les terrains adjacents produisent les divers matériaux propres aux constructions fluviales ou maritimes; partout du fer, du plomb, du soufre, du bitume, des résines, des gommes, du cuivre, de l'étain, du nickel, de l'antimoine, des terres alcalines, de l'argent, de l'or, des pierres précieuses; partout des plantes oléagineuses, des substances textiles, des matières tinctoriales; partout des peaux, des plumes, de la corne, de l'ivoire, des engrais; partout des produits alimentaires, industriels et pharmaceutiques les plus variés; partout de la houille, ce moteur incalculable, ce foyer d'action et de vie sociale; partout une terre généreuse, un sol vierge qui n'attendent que la fécondation par la main de l'homme; partout le champ le plus large ouvert à la satisfaction de ces nobles tendances dont

18.

la Divinité elle-même déposa le germe dans le cœur de ses enfants lorsqu'elle leur dit : « Crois- « sez, multipliez, travaillez, aimez-vous, soyez « heureux les uns par les autres, animez et vivi- « fiez l'univers, c'est ainsi que vous me glori- « fierez !... ». . . . .

. . . .

III

La presqu'île comprise entre le Salouein et le Nan-Ting a une vingtaine de lieues en longueur. Elle forme un angle aigu, de sorte que sa plus grande largeur ne dépasse pas sept à huit lieues.

Le Nam-Phoung, en se jetant dans le Nan-Ting un peu au-dessus de la jonction de cette rivière avec le Salouein, subdivise la presqu'île en deux autres. L'une, bornée à l'Ouest par le Salouein, est censé faire partie de la province de Thein-Ngnye, où le gouvernement birman n'exerce qu'une ombre d'autorité ; l'autre, limitée à l'Est par le Nan-Ting, relève de la province de Maing-Thein, de laquelle dépendent les mines de Bau-dhouyn-Dgyé... Le chef indigène, le Tsauboua de la presqu'île, quoique tributaire pour chacune des deux portions de son territoire, n'en affecte pas moins des airs de souveraineté... Ainsi, dans tous les recoins du globe on trouve à se remémorer l'apologue de *la Grenouille qui veut devenir aussi grosse qu'un bœuf !...*

La bannière birmane (1) flotte rarement sur la presqu'île et ne se montre jamais plus loin, hormis le cas d'une grande démonstration militaire ; elle y est donc peu sympathique. Les gens de mon escorte s'étant imaginés d'arborer le symbole national à l'arrière de leur bateau, j'avais planté un pavillon tricolore à l'arrière du mien.

On voyait, à la pointe de la presqu'île, quantité de petites barques échouées sur la plage, et d'autres, plus grandes, ancrées à l'aide de pieux fichés en terre, sur une zône où l'eau, quasi stagnante, était refoulée vers le rivage par le remou des des deux rivières... Le drapeau tricolore éveilla

---

(1) Découpez de la cotonnade rouge, de manière à imiter un paon ; appliquez ce simulacre sur de la cotonnade blanche, et vous aurez l'étendard birman. Les mariniers placent leur pavillon à l'arrière en l'ajustant à une espèce de couronnement qui figure sur toutes les barques d'une certaine grandeur. La hampe — un rotin ou un bambou flexible, — se pose obliquement à la verticale, de sorte que la pièce d'étoffe va un peu à la traîne. Afin de maintenir cette hampe selon l'inclinaison voulue, on y adapte une de ces bouteilles ovales, en verre blanc, dans lesquelles les Anglais expédient leur *soda-water* ou *eau de seltz*. On introduit l'extrémité supérieure de la hampe au fond de la bouteille, par le gouleau, et le poids du verre courbe la tige d'arbuste. Cet usage, d'une date peu reculée, est cependant généralement adopté par les Birmans et les Pégouans.

l'attention des équipages. Ils accoururent vers nous. Le Laos se fit reconnaître en expliquant qui j'étais. Leur accueil fut on ne peut plus cordial. Pour me faire honneur, la plupart d'entre eux m'accompagnèrent chez le Tsauboua.

Le village est assez peuplé. Il s'élève sur une éminence à quelques centaines de mètres d'une espèce de lagune formée par le retrait des eaux des deux rivières après l'inondation de l'hivernage. De la berge, on aperçoit la demeure du chef, — je n'ose dire son palais, — ombragée par de beaux arbres.

Les Indiens ont généralement du goût pour les formes cérémonieuses. Je laissai donc cinq hommes de mon escorte à la garde des bagages, je me fis précéder des deux autres, portant sur un brancard improvisé certaine cassette, enjolivée de marqueterie et de nacre, que je comptais offrir au Tsauboua, puis je me mis en marche ayant Désiré, Joseph, le Laos et Louglé à mes côtés, tous les quatre armés jusqu'aux dents. Chemin faisant, le cortége grossit à tel point qu'une bonne moitié de la population nous suivait lorsque nous arrivâmes à l'entrée du *mhat;* et chacun de s'extasier à la vue du coffre mystérieux, supposant qu'il contenait des objets rares d'un grand prix, ou bien quelque relique de Gautama (1).

____

(1) Gaudama, ou Gautama, tel est le nom mystique donné au fondateur du bouddhisme, culte issu du brahmanisme.

Le Tsauboua était parti dès le matin pour une maison de plaisance sur les bords du Salouein et avait emmené ses femmes ainsi qu'une partie de *sa maison...* Ce contre-temps m'embarrassait... Décemment, je ne pouvais remporter le coffret ; les habitants s'y seraient peut-être opposés ; pour mon compte, je regrettais de le sacrifier inutilement.....

Le Laos me tira d'embarras. Pendant que je réfléchissais, il prit des informations... Quoique la villa du Tsauboua, à cause des nombreux méandres que dessine le cours du Salouein, fût éloignée de trois ou quatre lieues, on pouvait s'y rendre en une heure pourvu qu'on traversât une gorge pratiquée dans l'épaisseur de la montagne au pied de laquelle vient aboutir la pointe de la presqu'île... J'expédiai sur-le-champ une estafette au Tsauboua ; je fis envelopper d'une pièce de soie le précieux coffret ; j'en gardai la clé, je le remis aux serviteurs du prince pour qu'ils l'apportassent, sans nul retard, à leur maître, et je m'en retournai au rivage. Enfin, après avoir chargé l'Indien le plus intelligent de mon escorte de me procurer des barques commodes, de procéder au transbordement de mes

---

Ses zélateurs considèrent ce personnage comme la plus éclatante incarnation de Bouddha, le chef de leur théogonie.

bagages, je montai mon poney pour me diriger sous la conduite d'un guide vers la maison de plaisance du Tsauboua.

Les *quatre* — Désiré, Joseph, Louglé, le Laos, — étaient avec moi..... A peine commencions-nous à gravir le flanc de la montagne, nous rencontrâmes une troupe d'habitants occupés, sous la surveillance d'un agent du Tsaubowa, au lavage des sables aurifères qu'un cours d'eau rocailleux charrie du sein de la masse rocheuse. Pour pénétrer dans la gorge dont j'ai parlé, nous dûmes franchir deux fois le torrent : la première, sur un pont horizontal, d'une seule arche, façonné à l'aide de tronçons d'arbres grossièrement équarris ; la seconde, sur un pont beaucoup plus ingénieux, beaucoup plus remarquable, attendu qu'il était construit au moyen de poutres bien dressées, de madriers bien assemblés, le tout simulant une tenaille dont les deux branches seraient ouvertes et reliées entre elles par un tablier arc-bouté en voûte au centre de l'arche.

La crête de la montagne était nue, aride, dépouillée. Une forêt séculaire couvrait les hauteurs moyennes ; quelques échantillons d'arbres gigantesques s'avançaient jusqu'à proximité de la tranchée dans laquelle nous allions nous engager ; des cascades, les unes taries, les autres jaillissantes, rompaient la monotonie de ce cadre un peu uniforme ; mais, derrière nous, vers la base de la montagne, le sol disparaissait sous des cultures, des arbres fruitiers, des cabanes capricieusement groupées parmi le feuillage..., et, plus loin, plus loin, deux rubans argentés — les deux rivières, — scintillaient comme des météores prêts à se confondre.....

Vivement impressionné, je pris mon binocle dans ma carnassière et j'examinai le site...

— On a donc l'habitude, comme en Europe, de marquer d'un signe rougeâtre les arbres destinés à être abattus? demandais-je au Laos, les yeux fixés sur la partie la plus rocheuse, la plus accidentée de la forêt...

— Je ne vous comprends pas, Boohguy, me répondit-il.

Je lui passai la lorgnette en lui indiquant un point de la montagne où de gros arbres croissaient à travers les ravins.

— N'en dites pas davantage devant cet homme, Boohguy! reprit-il en me rendant l'instrument et en me désignant le guide.

S'étant approché de moi, il ajouta à voix basse :

— Nous chasserons les chevrotains à musc dès demain, si vous en avez envie.....

— Pourquoi pas tout de suite?

— Non!... le Tsauboua pourrait s'en formaliser... On ne doit pas leur faire la chasse sans sa permission... Cet animal ne paraît que rarement dans nos contrées... Je pense qu'on n'a pas encore découvert leur trace sur la presqu'île, cette année-ci..... Le Salouein et le Nan-Ting les empêchent de se porter plus loin; toutefois, si on leur tirait un seul coup de fusil avant qu'ils ne soient cernés, ils rétrograderaient vers l'autre extrémité de la presqu'île et on ne pourrait plus les atteindre.....

— En remettant la partie à demain ce sera encore du retard pour toi... Ta famille ne t'attend pas, mais ta fiancée compte les jours et les heures de ton absence...

— Boohguy, je connais mon devoir... Au surplus, ma fiancée est prévenue que je suis avec vous...

Pour toute réponse, je lui serrai la main. . .

. . . .

Nous traversâmes le défilé. On eut dit l'entrée des enfers, à cette différence près qu'à la sortie nous eûmes sous les yeux une perspective qui m'éblouit comme un rideau magique...

Le Tsauboua vint à ma rencontre en grand étalage. Il était à pied, mais deux éléphants harnachés, caparaçonnés, porteurs de *houdahs* en mousseline, et leurs *mahouts*, l'ankus à la main, ouvraient la marche. Divers officiers s'avançaient ensuite, portant avec respect le **sabre du commandement**, l'aiguière de rigueur, la boîte à bétel, celle pour l'areck, une autre pour le *goudauk*, une dernière pour les *tsélés* ou cigares du pays, un crachoir en or, le *houka* rappellant le nar-

gileh des Orientaux, et plusieurs autres objets
de même nature, tout aussi peu utiles... Deux serviteurs, très-attentifs à leur besogne, se tenaient
l'un à la gauche, l'autre à la droite du prince,
chacun une longue ombrelle à la main, afin de
le préserver du soleil... Enfin une cinquantaine
d'estafiers, singulièrement armés, plus singulièrement équipés, formaient une double haie autour du cortége (1).

Le prince n'avait que vingt-cinq à vingt-six
ans; jamais il n'avait quitté ses domaines. Son
entourage s'opposait à ce qu'il se rendît à Mandalay de peur qu'on ne lui tendît des embûches
à la cour de l'empereur des Birmans... Il était
donc fort peu au courant des singularités ou des
merveilles de l'industrie européenne.

Le visage imberbe de ce jeune homme respirait tout à la fois la bonté, la franchise et l'énergie. On me l'avait dépeint comme très-équitable,
très-ferme, très-chatouilleux à l'endroit de ses
prérogatives.

Sa tenue, quoique d'une excessive simplicité,
me parut de bon goût en cette occurrence. Elle
se composait d'une paire de sandales ornées de
rubis; d'un *saroong* (2) en soie brochée, qui le

---

(1) Je renvoie le lecteur au SPORT DE L'ÉLÉPHANT,
pour l'explication des termes soulignés à ce paragraphe.

(L'AUTEUR.)

(2) Le *saroong* est une pièce d'étoffe qui se croise sans

couvrait depuis le bas-ventre jusqu'à la cheville du pied ; et d'un *kabaya* (1) en toile d'ananas, plus lisse, plus régulière, mieux brillantée que la batiste la plus fine, et, par contre, plus rigide. Il avait le cou, la poitrine, l'estomac et les jambes nus. Sa coiffure était la véritable coiffure nationale. Un mouchoir de percale blanche, enroulée comme une corde, ceignait sa tête d'un seul tour, de telle sorte que les bouts, formant le nœud, se dressaient en pointe ; et sa longue chevelure, liée, arrangée au sommet du crâne, à peu près comme un chignon, était maintenue par une agrafe surmontée d'un énorme saphir...

A une distance convenable, je descendis de cheval et m'avançai vers le Tsauboua, le chapeau à la main. Il me rendit courtoisement le salut en s'inclinant et me fit placer à côté de lui pour que je pusse profiter de ses ombrelles ; quoique cela

---

attache, seulement en faisant rentrer à la ceinture le bout qui recouvre l'autre. Le *tamein* n'en diffère que par le tissage et la longueur, qui permet de le croiser sous les aisselles. Le premier de ces vêtements est plus spécialement affecté aux hommes ; le second, aux femmes.

(1) Le *kabaya* est une veste droite, sans collet, à manches étroites. Les hommes et les femmes le portent indistinctement. Les filles nubiles et celles qui approchent de la puberté le remplacent par un gilet fermé, formant corsage, de manière à cacher leur gorge, ce dont la plupart des femmes devenues mères ne se préoccupent plus...

je me couvris, ce dont il ne parut nullement se formaliser. Le Laos, qui était parvenu à comprendre mon baragouin, s'approcha à son tour en s'inclinant fort bas et en portant quatre fois la main à son front (1); après quoi, il nous servit d'interprète, Joseph ne sachant pas assez l'idiome shans pour soutenir une conversation.

Je glisserai rapidement sur la réception qui me fut faite à la maison de plaisance du Tsauboua, au *Yé-nan-Dau*, — *palais* ou *maison royale de l'eau*, — située près du Salouein et ainsi nommée en opposition à la résidence habituelle, le *Myé-nan-Dau*, simplement *Mye-Nau, palais de terre*.

A la deuxième palissade d'enceinte, je vis plusieurs officiers de la suite du prince — les seuls, parmi la foule, qui eussent des babouches ou mieux des sandales (2), — laisser leur chaussure à la porte. Au bas de l'escalier d'honneur, ceux

---

(1) Ce salut se nomme le *shikhôo*.

(2) Les gens du commun vont presque toujours pieds nus. Par les temps de pluie, ils mettent des galoches à semelles de bois. Les gens de distinction portent des babouches ou des sandales. En visite, chacun dépose sa chaussure à l'entrée de la maison où il se rend. Au palais des princes, les officiers ou employés subalternes se déchaussent à la deuxième enceinte. Les ministres eux-mêmes en font autant lorsqu'ils franchissent l'escalier d'honneur.....C'est une confusion de pantoufles à ne pas s'y reconnaître !

qui étaient restés chaussés jusque là en firent autant. Alors je priai le prince de me dispenser d'ôter mes bottes fortes, ce qui ne m'eût pas été facile. Il sourit, me prit par le bras et m'entraîna.

On nous introduisit à la salle d'audience, vaste galerie située sous le *Phya-Zath* et soutenue par une multitude de colonnes en bois de teck, d'un seul jet, c'est-à-dire d'une seule pièce. Le phya-zath est une pyramide quadrangulaire, une flèche architecturale. Sa charpente repose sur celle des toits superposés dont l'édifice est recouvert... Comme architecture, la salle était grandiose, majestueuse. Ces colonnes, parfaitement cylindriques, sans base, sans chapiteau, de plus d'un mètre de diamètre, d'une hauteur de cinquante pieds, dorées dans toute la longueur du fût, c'est-à-dire du plancher au plafond, ou mieux à la toiture, contrastaient par la naïveté de leur ordonnance avec la richesse, la variété des dentelures en bois sculpté sous lesquelles disparaissaient les parois latérales. Comme ornementation, il y avait exubérance de détails ; aussi, malgré la délicatesse du dessin, malgré le fini de l'exécution, ou peut-être à cause de cela, ressentait-on une sorte d'impression monastique qui, tout en imprimant le respect, arrêtait l'essor de l'imagination... J'eus lieu de remarquer qu'en me faisant asseoir sur une pile de coussins, à côté de lui, le prince se plaça précisément sous le *Htée*, ornement en fer doré qui repose au sommet du phya-zath, dont il devient ainsi le point culminant. Le htée est un objet de serrurerie artistique et symbolique, réservé aux pagodes, aux sanctuaires, aux édifices religieux, aux palais des princes. Par son aspect, il rappelle notre *chapeau chinois*, avec lequel il a certaine analogie. En effet, il est garni de clochettes qui forment au moindre vent un carillon peu mélodieux...

On ne tarda pas à nous servir une collation de fruits, de laitage, de pâtisseries... Le Laos raconta brièvement son histoire et la mienne. Peu à peu, il en vint à parler de chasse et insinua au Tsauboua qu'il espérait bien le mettre sur la piste des chevrotains à musc. Son Altesse, à ce discours, hocha la tête d'un air incrédule, disant qu'il y avait fort longtemps qu'on n'avait aperçu un seul de ces animaux sur le sol de la presqu'île. Néanmoins, le Laos ayant insisté, le prince prescrivit à un de ses officiers d'avoir à s'entendre avec lui pour organiser une battue ; puis, se tournant vers moi, il ajouta qu'il se proposait d'y assister, ne fût-ce que pour voir comment les Européens maniaient les armes à feu... Aussitôt je relevai le gant en exprimant la satisfaction que j'aurais si, par cas, cette partie de chasse avait pour résultat d'approvisionner de musc les dames du palais.

Sur ce propos, le Tsauboua daigna me présenter son épouse, ses femmes et leurs suivantes, espèce de harem qui n'est nullement astreint aux restrictions musulmanes, car elles parurent devant nous à visage découvert ; et certes leur curiosité égalait au moins la nôtre...

D'après un usage tendant à conserver la souche pure de tout mélange, les tsaubouas épousent toujours leur *demi-sœur*, c'est-à-dire celle de leurs nièces, de leurs tantes ou de leurs cousines germaines qui est leur plus proche parente par la voie masculine. Elle est la seule qui ait droit aux honneurs et priviléges du rang suprême. Ses enfants ont le pas, pour l'hérédité, sur ceux de ses compagnes ; en outre elle est considérée comme étant la véritable mère de toute cette progéniture. Les autres femmes légitimes, au nombre de trois, appartiennent aux familles de quelques chefs du voisinage..... La princesse, épouse et tante du Tsauboua, me plut par la dignité de son maintien et la grâce de ses manières. Bien qu'elle ne fût plus de la première jeunesse, — elle avait une trentaine d'années, — sa figure était encore assez agréable par la douceur de ses traits, par le charme de ses grands yeux noirs fendus en amande et d'un velouté mirtant.oi

Ces femmes sont bien faites, bien plantées, avec de petits pieds, des jambes fines, des mains mignonnes, mais des bras un peu longs et des épaules un peu trop droites. Elles ont peu de tendance à l'obésité.... Je n'en vis pas une qui n'eut de beaux yeux et de beaux cheveux. Quelques-unes avaient les yeux bridés et les pommettes saillantes. L'affreuse habitude qu'elles contractent, dès leur bas-âge, de fumer sans cesse des *tsélés* (1) et de chiquer continuellement le bétel, l'areck, ainsi qu'un mélange de chaux carminée, leur noircit horriblement les dents, tout en donnant à **leurs** lèvres une couleur purpurine qui produit un singulier effet... Et voyez un peu ! Celles assez bien inspirées pour ne pas chiquer, ont les dents d'une éclatante blancheur....

Toutes me parurent modestes, discrètes, soumises... Les suivantes d'un âge mûr portaient le tamein montant ; les plus jeunes, le corsage sans manches et le saroong... Les femmes légitimes avaient un saroong en mousseline légère par-dessous le tamein, et leur poitrine était recouverte d'une bande de gaze brochée. Un collier de perles, à plusieurs tours, leur descendait jusqu'au milieu de l'estomac. Au lieu de boucles d'oreilles,

---

(1) Les indigènes de l'Indo-Chine préfèrent le *tsélé* au *houka* et au *roko* des habitants de la presqu'île de l'Inde et des îles Malaises.

Le tsélé est un énorme cigare conique, enroulé comme un cornet à l'aide d'une feuille qui ressemble beaucoup à celle du noyer, mais un peu plus grande. Le tabac se hache et ne frise pas. Il s'emploie très-sec. On y mélange des parcelles d'une espèce de bois odorant et inflammable, de sorte que ces cigares n'ont aucune adhérence. Si les fumeurs mettent souvent le feu aux cabanes avec les déchets de cigare, à plus forte raison le mettent-ils à leurs vêtements... Filles ou garçons fument le tsélé dès l'enfance. Chacun d'eux a toujours sa provision sur soi.

elles adaptent à un trou percé dans la partie charnue de cet organe, un cylindre ou petit tube, soit en or, soit en porcelaine dorée, long d'un pouce et aussi gros que le doigt... C'est peu flatteur, vraiment! En revanche, elles ont un soin particulier de leur chevelure, qu'elles relèvent à la chinoise pour la laisser pendre, derrière le dos, en tresses ou en torsades entremêlées de fleurs... Quant à la princesse, elle était vêtue à peu près de la même manière; mais les étoffes étaient plus luxueuses, ses babouches étaient garnies de pierreries, les perles de son collier étaient plus grosses, plus limpides, et ses noirs cheveux, échafaudés en nattes, étaient retenus au moyen de broches en or dont la tête se terminait par une émeraude.

Le Tsauboua ne m'avait pas encore parlé du mystérieux coffret. Je pensais bien que sa curiosité, ainsi que celle de ses femmes, avait dû être vivement excitée; je supposais qu'on avait tourné, retourné, examiné la boîte en tous sens, mais en vain, puisque j'avais la clé dans ma poche; je comptais sur l'ignorance dans laquelle tout ce monde devait se trouver par rapport aux objets de notre industrie, pour produire sur leur esprit une sensation profonde; cependant j'appréhendais, au moment de tenter l'épreuve, que l'expérience ne tournât à ma confusion... Par bonheur, il n'en fut rien.

La princesse, avec l'approbation de son mari,

envoya chercher la précieuse cassette. Lorsque la
boîte eut été déposé près de moi, sur un tapis, le
prince me sollicita du regard... Les gouttes de
sueur perlaient sur mon front... Je pris dans ma
poche, d'une main agitée, la clé de la cassette,
je l'introduisis dans la serrure, je tournai, je
tournai, puis je poussai une targette, je pressai
un bouton, je fis dégager le ressort, et... les assistants, plongés dans une surprise inexprimable,
écoutèrent avec recueillement les airs que jouaient
ma BOITE A MUSIQUE. Tout le répertoire y passa :
les variations du *Carnaval de Venise, Au clair de
le lune, Ah! quel plaisir d'être soldat, Partant pour
la Syrie*, etc., etc.... La machine était au bout de
son rouleau, que les hommes et les femmes :
prince, princesse, favorites, suivantes, officiers et
serviteurs, prêtaient encore au frémissement des
dernières notes une oreille séduite... Ce fut alors
une explosion de cris, de trépignements, de
transports dont le Tsauboua et son épouse donnèrent eux-mêmes l'exemple.

Le calme rétabli, je remontai le mécanisme
et levai le couvercle, ce qui augmenta la sonorité de l'instrument. A l'instant, chacune de
ces dames de se précipiter pour observer le
mouvement du cylindre et le jeu du clavier...
Enfin, après avoir enseigné au prince à remonter le mécanisme, à le faire marcher ou à l'arrêter, je remis la clé à la princesse qui, j'en suis
convaincu, ne s'en serait pas dessaisie pour toutes

les perles, les émeraudes, les rubis, les saphirs dont elle était parée... Aussitôt, m'ayant remercié, elle s'enfuit avec ses femmes au fond de son gynécée, emportant elle-même la cassette... Mon triomphe fut complet ! Jamais applaudissements plus unanimes. Toutefois il y eut un zoïle... Je remarquai un grand escocriffe au teint bilieux, aux moustaches en crocs, au torse herculéen, qui haussait dédaigneusement les épaules à chaque reprise. C'était le chef d'orchestre du prince, un musicien dont le talent consistait à frapper en cadence sur une douzaine de tambours rangés autour de lui!... Ma boite à musique pouvait lui faire perdre beaucoup de son importance...

Dans la soirée, il y eut festin, drame, illumination, le tout offert et accepté de la meilleure grâce, avec la meilleure volonté du monde. J'avais eu soin, bien entendu, de reléguer Désiré à l'arrière-plan avec une consigne sévère ; le Laos remplissait les fonctions d'interprète ; Joseph et Louglé s'acquittaient de leur service près de moi. Il ne se commit aucune incartade cette fois-ci.

Le Tsauboua s'étant opposé à ce que j'allasse coucher au village, j'acceptai de lui l'hospitalité. Or, avant de rentrer dans ses appartements particuliers, il renouvela ses recommandations au sujet de la partie de chasse convenue et prescrivit au personnel féminin de se tenir prêt à s'en retourner de bonne heure au village le lendemain.

Ces dispositions m'inquiétèrent un peu... J'y voyais, de la part du prince, le désir de me garder près de lui plus longtemps que je ne l'aurais voulu, ou bien l'espoir de me soutirer une autre boîte à musique, plus merveilleuse que la première...

IV

La partie de chasse que je vais raconter date déjà de six années ; pourtant ses diverses particularités sont aussi présentes à ma mémoire que si elles s'étaient passées depuis peu.

Dès la pointe du jour, une troupe de serviteurs du Tsauboua remontèrent le cours du Salouein, réunissant sur leur chemin le plus de corvéables possible. Ils gravirent ensuite la montagne, se déployèrent à distance de manière à intercepter le passage jusqu'au Nan-Ting, un peu au-dessous de sa jonction avec le Nam-Phoung, firent front et s'avancèrent en ligne vers la pointe de la presqu'île, en poussant de grandes clameurs.

On nous amena nos chevaux..... Le Tsauboua était suivi d'une quarantaine d'individus, les uns montés, les autres à pied, tous armés d'anciens fusils de munition à silex (1).

---

(1) Les indigènes préfèrent le fusil à pierre au fusil à

Les quatre hommes désignés précédemment m'accompagnaient.

A peine fûmes-nous engagés dans la gorge dont j'ai parlé, les gens du Tsauboua se placèrent par intervalles. Comme le prince m'avait laissé maître de choisir mon poste et qu'il avait manifesté le désir de ne pas me quitter, je m'embusquai dans un renfoncement de la route, à quelques centaines de mètres du premier des deux ponts qu'il fallait traverser pour retourner au village, j'envoyai garder les issues ainsi que les terrains bas qui déclinaient en pente douce jusqu'au rivage du Nan-Ting, et je me mis en observation..... Plusieurs heures d'attente s'écoulèrent.

Le Tsauboua, en me voyant manœuvrer ma lorgnette, voulut en faire autant. Il n'avait pas

percussion. Ils ne savent fabriquer ni les capsules ni le fulminate. D'ailleurs, sauraient-ils le faire, les capsules se déliteraient fort vite à l'humidité qui pénètre dans leurs maisons mal closes... Les capsules que les Anglais leur livrent sont la plupart du temps de très-mauvaise qualité.

Leur poudre est également défectueuse. Ils suivent un dosage peu convenable. Les matières premières sont mal raffinées, mal triturées. La combinaison intime n'a pas lieu par le mélange. La granulation, le séchage et le lissage laissent à désirer. La poudre fuse, encrasse et a fort peu de force, toutes choses qui nuisent au chargement, à la portée, à la pénétration, ainsi qu'à la justesse et à la rapidité du tir.....

la moindre idée de cet instrument d'optique. Dans son étonnement, il me proposa de le troquer contre un gros rubis qu'il portait à l'index. Le binocle m'était trop utile dans mes explorations pour que j'acceptasse cet échange, bien que j'y eusse gagné.

Nous distinguons enfin le son des cornemuses de chasse. Les chevrotains se montrent bientôt, isolément et tout effarés, sur la crête des roches les plus ardues, puis leur nombre augmente insensiblement et sur divers points..... Les uns se perdent à nos yeux en longeant des sentiers impraticables où ils disparaissent un moment pour reparaître plus loin; les autres abordent le talus pour tenter la descente, tantôt en se précipitant d'une hauteur effroyable sur des rochers intermédiaires où ils essaient de s'abriter derrière quelque anfractuosité, tantôt en se hasardant à recommencer le saut périlleux dans l'espérance de trouver un refuge au fond du ravin..... Ah ! je reconnais ici tout ce qu'il me manque de talent, de flexibilité de style pour bien décrire une pareille chasse à tir.....

J'avais placé le Laos et Louglé en embuscade dans le lit du torrent, avec recommandation expresse d'achever les chevrotains blessés qui passeraient à leur portée, de ne pas s'éloigner de leur poste tous les deux à la fois, et de s'occuper spécialement de ramasser les pièces que j'abattrais..... Joseph et Désiré, encore convalescents, étaient demeurés près de moi pour charger mes armes.

Le Tsauboua semblait en faire fi parce qu'elles étaient moins brillantes, plus lourdes que les siennes ; mais je reconnus celles-ci pour des fusils de fabrique qui ne valaient pas grand'chose, avec leurs canons de prétendu damas turc, leurs platines couvertes d'un damasquinage de mauvais aloi, et leurs garnitures estampées, galvanisées, guillochées par à peu près. Je ne fus donc nullement surpris de lui voir manquer fréquemment la bête.....

Nous étions embusqués, ai-je dit, dans un angle rentrant de la voie, contre l'une des faces du défilé, tandis que l'autre face, éloignée seulement d'une cinquantaine de pas, — la largeur du torrent, — s'élevait perpendiculairement, à plusieurs centaines de mètres, comme une muraille inexpugnable...

J'ai pour habitude de ne jamais tirer de trop loin tant que le gibier ne me tourne pas le dos... La fusillade était commencée sur toute la ligne, la plupart des chasseurs avaient déchargé plusieurs fois leurs armes, que j'observais encore le manége des chevrotains courant d'un précipice à l'autre ou bien se brisant les membres contre les saillies des plans inclinées sur lesquels ils s'élançaient éperdus... Le Tsauboua m'examina quand j'ajustai un couple fourvoyé sur une pente rapide. Ces animaux, parvenus à un étroit palier, s'étaient arrêtés sur le bord du précipice, mesurant alternativement l'espace qu'ils venaient de franchir et la hauteur des bonds successifs qu'ils auraient à faire pour continuer leur descente... Je les saisis au temps d'arrêt!... Atteints, l'un à l'épaule, l'autre en plein-ventre, ils tournoyèrent sur la roche, glissèrent et tombèrent de cent pieds de hauteur au fond du ravin, à quelques pas de mes gens... On le conçoit : pour un tireur passable, l'occasion était belle, et je pus tirailler à mon loisir. Le gibier, une fois engagé à la fatale descente, ne pouvait chercher à fuir les traqueurs sans s'exposer à mon feu meurtrier.

Cependant les traqueurs, parvenus à la brèche, firent rouler des pierres, des quartiers de roc sur les pauvres bêtes cachées derrière les interstices ou les coupures des talus ; après quoi ils rabattirent vers les extrémites latérales de la montagne, ramenant vers nous, par l'intersection même du défilé, des troupes de fuyards... Ce ne fut plus qu'un massacre !

Lorsque le feu eut cessé, je rejoignis le Laos et Louglé. Comme ils s'étaient strictement conformés à mes prescriptions, ramassant au fur et à mesure chaque pièce abattue ou l'achevant au besoin, je les trouvais entourés d'un monceau de cadavres... Je n'exagère nullement en portant à une douzaine le nombre de chevrotains que je tuai ou blessai mortellement.

Il y a, je pense, bien peu de personnes, parmi

mes lecteurs, qui aient eu occasion de voir des chevrotains. Les détails suivants ne seront donc pas déplacés ici. . . . .

Par certains traits caractéristiques qui lui sont particuliers, le chevrotain forme à lui seul une famille dans l'ordre des ruminants. Ainsi : sa queue est si courte, le moignon est tellement incrusté dans son emboiture, qu'au premier abord l'animal paraît privé de cet appendice ; il n'a point de cornes ; le mâle est porteur, sous le ventre, entre les parties naturelles et le nombril, d'une poche où se dépose et se concrète une liqueur noirâtre, parfois sanguinolente, *sui generis*, à laquelle les Portugais, lors de leur établissement dans l'Inde et en Chine, attribuèrent le nom de *mosco*, dont nous avons fait celui de *musc*.

Les peuplades de ces contrées ont adopté à cet égard les désignations chinoises, sans préjudice des leurs. Il ne nous conviendrait pas d'énumérer ces dernières, vu leur multiplicité.

En chinois, la matière odorante s'appelle *Hiang ;* l'animal qui la fournit : *Hiang-tchang-tzé ;* le produit de qualité supérieure : *Pan-hiang ;* celui de qualité inférieure : *Mi-hiang*.

Contrairement aux cerfs, dont il diffère en cela, le chevrotain n'a pas de larmiers. Les narines sont séparées par une protubérance qui se rapproche de la forme d'un muffle. Les oreilles sont mobiles, très-pointues. Sa taille est inférieure à celle du chevreuil. Ses formes sont fines, élégantes; ses mouvements, gracieux, vifs, saccadés. Excessivement farouche, il s'enfuit au plus léger bruit. Dans sa fuite, il bondit d'un rocher à un autre; et, parce que, chez lui, le train de devant est plus bas que celui de derrière, il tombe sur les pieds de devant et reprend l'équilibre sur ceux de derrière. Il fait des sauts et des bonds qu'on ne saurait, vraiment, se figurer lorsqu'on ne les a pas vus...

Cet animal, si léger, si bien conformé pour la fuite, est cependant armé d'incisives tranchantes, recourbées en dehors. C'est un moyen de défense dont il se sert également pour extirper les racines.

Quoique la tête soit d'un gris ardoisé bien prononcé, le front est toujours noir. La tache blanche qui se trouve assez souvent sur le front des plus jeunes disparaît avec l'âge. La couleur de la robe ne saurait mieux se définir que par cette expression technique : fortement *rubican*. Les poils noirs et les poils fauves, en quantités égales, étant mélangés de poils blancs, il s'ensuit que l'aspect du chevrotain change de nuance selon le point d'où on le considère.

La poche où s'agglomère le musc ne se révèle, à l'extérieur, que lorsqu'elle est près de se remplir, car des poils longs et soyeux la recouvrent. Elle est formée par une membrane adhérente aux tissus charnus et cutanés, sèche comme une vessie, crépitante comme du parchemin, n'ayant qu'une ouverture, — une espèce de gouleau, —

20.

par laquelle le musc s'épanche au dehors quand il devient trop abondant. On ne pourrait comprendre comment a lieu la sécrétion, à moins d'avoir remarqué préalablement que cette membrane est enveloppée d'un lacis filamenteux, cacapillaire, dont chaque rameau constitue un conduit d'expansion implanté dans l'épaisseur de cet organe ou dégorgeoir.

Le musc ne commence à s'engendrer que chez les adultes, et s'élabore dans le sang, je crois. Il s'épanche d'abord sous forme de grains à demi-solides, humectés d'une humeur rougeâtre et noirâtre que je nommerais volontiers un *serum sanguinolent* si ces deux mots pouvaient s'accoupler ensemble. Les grains, en se condensant au ressuage, se transforment en une substance grumeleuse, consistante, friable sous la pression du doigt, et d'autant plus dure, d'autant plus friable qu'elle est plus sèche, plus ressuée, ce qui constitue son état de perfection. Ainsi le *hiang* se dépose par infiltration dans son réservoir ; la partie liquide, le *mi-hiang*, en se condensant et en se renouvelant dans la partie inférieure du récipient, tend à expulser au dehors le *pan-hiang ;* et, parce que la matière devenue compacte, ne se dégage qu'avec difficulté eu égard à l'exiguité du col de cette espèce de vessie, il résulte que l'animal, quand le musc le gêne par sa surabondance, se frotte contre des arbres où il dépose des empreintes qui trahissent sa présence, autant par leur coloration que par leur odeur pénétrante..... Les chasseurs recueillent précieusement ces déjections, car elles sont la quintessence même du musc ; et, dès qu'ils ont abattu un chevrotain, lui enlèvent la poche en question, la mettent à sécher en la suspendant comme on fait chez nous pour le fiel de bœuf, puis ils déchirent la membrane afin d'en extraire le produit. . . . . .

. . . .

La chasse terminée, nous remontâmes à cheval, mais les traqueurs restèrent en arrière pour charger les chevrotains sur leurs épaules et les transporter à l'habitation du Tsauboua.

Au tournant de la route, au moment de franchir le pont *en tenaille* dont j'ai parlé, j'aperçus contre le soubassement de l'une des culées naturelles, dans le lit même du torrent, un jeune chevrotain qui se tenait tapi entre deux blocs de roche. J'arrêtai mon poney, je saisis mon révolver, j'ajustai le chevrotain, et le tuai au quatrième coup... A cette succession rapide de détonnations, le Tsauboua ne revenait pas de son étonnement. Il fallut démonter l'arme, lui en expliquer le mécanisme, la recharger, la lui donner à tirer ; bref, il ne manquait plus qu'à la lui céder à n'importe quel prix, ce à quoi je ne pus me résigner.

Notre arrivée au village fut saluée par les acclamations de la foule. « Les *Kalas*, » disaient les habitants, « nous ont porté bonheur ; ils ont dé-

« couvert les *Hiang-tchang-tzés*... Maintenant que
« le Tsauboua a prélevé sa dîme, nous pourrons
« nous procurer le *hiang*..... » Effectivement,
aussitôt que le bruit de la partie de chasse qui se
préparait se fut répandu, un grand nombre d'habitants se mirent en campagne dès la veille, par
delà le confluent du Nam-Phoung, afin de couper la retraite aux chevrotains échappés à notre
battue.....

Je vis, à la première enceinte du *Yaya-mhat* —
enclos royal, — les équipages du Tsauboua, c'est-
à-dire une demi-douzaine d'éléphants, le double
de chariots traînés par des buffles, et à peu près
autant de chevaux de selle. La princesse, ses
doublures et ses suivantes étaient déjà de retour.

Leurs Altesses voulurent à toute force me retenir ; j'y consentis, mais j'obtins pour mes gens
et pour moi la permission d'aller changer de
tenue... Je profitai de la circonstance pour sur-
veiller par moi-même l'arrimage de mes colis à
bord des barques qu'on m'avait procurées, et je
me munis de quelques brimborions dont je gra-
tifiai ces dames.

La réception du soir fut brillante, Il y eut gala,
danses, drame, concert, feu d'artifice. Afin d'éviter
les redites, je passerai sous silence les divertisse-
ments de la soirée ; seulement je dirai qu'au repas
on nous servit des rotis et des ragouts de chevrotain. J'ai horreur du musc ; je ne pus donc ava-
ler une bouchée de cette viande, bien que cha-

cun la trouvât délicate, tendre, succulente...

Je dispenserai pareillement le lecteur du récit de mon entretien avec le Tsauboua touchant les destinées de la Birmanie et des États-Shans, touchant la pression funeste de l'Angleterre, touchant les dispositions amicales de la France, ses ressources, sa gloire, l'influence salutaire qu'elle est peut-être appelée à exercer sur ce continent dans un délai moins long [qu'on ne pense....... Je ne parlerai pas, non plus, des questions un peu hasardées que la princesse m'adressa au sujet des grâces, de l'amabilité, des dangereux attraits des Françaises..... Pour couper au plus court, je dirai qu'elle daigna me faire ses adieux le lendemain matin, quand je quittai sa demeure pour me rendre au rivage ; que son mari m'accompagna jusqu'à mon bateau, et qu'en nous séparant nous nons embrassâmes, lui et moi, ainsi que de bons amis, enchantés l'nn de l'autre.....

Ne voulant pas avoir à revenir plus tard sur le sujet qui m'avait tant égayé, j'ajouterai encore ceci : — J'étais depuis quatre jours au sein de la famille du Laos, lorsqu'on vint m'annoncer qu'un émissaire du Tsauboua, ou mieux de son épouse, demandait à me parler. On introduisit l'individu. Je le reconnus en effet pour un officier du Tsauboua. Il me rapportait ma boite à musique, complétement démantibulée, avec prière de la part de la princesse de vouloir bien la lui raccommoder... L'incident — le chef d'orchestre du Tsauboua n'y était sans doute pas étranger, — m'amusa tout en me contrariant. Je n'avais avec moi qu'un autre instrument du même genre, dont je comptais faire cadeau à la famille du Laos ; néanmoins, après de longues explications sur la *manière de s'en servir*, je le remis à cet extraordinaire ambassadeur, y en joignant mes compliments pour ses maîtres.

Je réintégrai donc ma patraque au fond d'une de mes caisses, avec l'intention de la faire réparer, à mon retour à Mandalay, par un des mécaniciens que j'avais emmenés d'Europe avec moi. Eh ! je ris encore quand j'y pense : — L'envoyé du Tsauboua en eut au moins pour sept à huit jours à remonter le fleuve... Tout cela, à propos d'une boîte à musique !...

V

La navigation du Salouein est encore plus difficile, plus périlleuse que celle du Nan-Ting. L'escarpement des rives, la sinuosité des contours, le volume, la profondeur des eaux et leur rapidité vertigineuse exigent de la part des mariniers une incessante vigilance ; mais nos barques étaient plus vastes, plus sûres que les précédentes. Elles avaient, à l'arrière, une cabine pour s'abriter et un petit poste servant de cui-

sine. Nous eûmes donc la faculté de naviguer toute
la journée sans perdre une minute, sans toucher
le rivage jusqu'à notre arrivée à destination.

Comment ne pas admirer l'ordre qui préside à
l'enchaînement des phénomènes de la nature!
Comment ne pas y reconnaître la volonté d'un
organisateur omnipotent, la main d'un artisan
suprême!..... A l'époque de l'hivernage, durant
la période d'inondation, la vitesse du courant
augmente en raison même de la crue du fleuve
et la navigation est totalement interrompue. Pendant ce laps de temps, le vent du Nord règne
continuellement; or, il n'est nullement préju-
judiciable, puisqu'on ne peut déjà plus naviguer.
Par contre, dès que le retrait des eaux a ramené
le fleuve à sa situation normale, le vent du Sud
vient prêter aux barques qui remontent le fleuve
le concours de son souffle puissant. Alors on relève la mâture, on tend les voiles dont il serait
dangereux de se servir à la descente.....

Même parmi les nations incultes, les femmes ont
des attentions d'une délicatesse dont leur sexe
seul est capable... Ainsi nos deux bateaux regor-
geaient de provisions, de victuailles, d'une foule
de superfluités alimentaires, comme si nous par-
tions pour faire le tour du globe... Moi qui préfère, en voyage, une simple natte à la plus moel-
leuse couchette, j'aperçus dans ma cabine une
couple de matelas piqués, un large tapis, une
tenture de mousseline imitant une moustiquaire,

et plusieurs pots de fleurs rangés près des ouvertures de la draperie. Le musc n'avait pas été oublié ; on avait mis à ma disposition une douzaine de vessies pleines. Le drapeau tricolore avait été maintenu ; mais, au pavillon birman, on avait substitué un *dragon vert*, symbole vénéré des peuplades au sein desquelles nous nous rendions .. J'interrogeai mes gens à ce sujet. Le Laos me répondit que l'idée du dragon vert appartenait à l'une des femmes légitimes du Tsauboua ; Joseph et Désiré me dirent que la princesse avait daigné s'informer près d'eux, par l'intermédiaire d'une de ses suivantes, des divers objets dont nous pouvions avoir besoin, et qu'elle y avait pourvu elle-même..... Je l'avoue, ces procédés me touchèrent ; et, puisque je suis sur ce chapitre, j'ajouterai qu'en maintes circonstances j'ai eu l'occasion de remarquer combien les qualités du cœur, combien les sentiments de l'âme ont d'énergie, de finesse, de tact chez les femmes du continent indien.

Si les géographes anglais se fussent bornés à dire que le pays des Laos présente un aspect sauvage, assurément je ne les aurais pas contredit... La double rangée de montagnes qui encaissent le Salouein est d'une grandeur, d'une majesté horripilante. La cime, frangée de roches, sillonnée de ravins, accidentée de pendentifs qui surplombent parfois à vous couper la respiration, est absolument nue ; les flancs, couverts de pins ou d'autres végétaux non moins robustes, non moins élevés, expriment la désolation par la teinte toujours sombre de leur revêtement. Cette solitude, en se prolongeant, devient navrante. L'esprit ne perd de sa tristesse que lorsqu'il distingue, à de rares intervalles, l'embouchure d'un ruisseau ou la gorge d'une vallée glissant entre deux collines dont la base expire au bord du fleuve. De là s'aperçoivent sous les massifs, à la déclive des saillies, quelques chétives cabanes éparses çà et là, le phya-zath de l'habitation d'un chef ou la flèche élancée d'une *Boo-phya* (1). Quand le soleil tombe d'aplomb sur ces toitures, les rayons réfractés se subdivisent en une infinité de lucioles ardentes qui éclairent les frais ombrages et animent le tableau ; s'il frappe obliquement les pans granitiques ou quartzeux de la montagne, ces surfaces tantôt planes, tantôt rugueuses, tantôt couturées, brillent de feux étincelants qui indiquent le gisement des trésors expulsés des entrailles du globe par les évulsions souterraines...

Durant la journée, les rives du fleuve sont quasi-désertes. Tout au plus si on voit paître sur les versants quelques bœufs, quelques buffles, quelques chevaux et quelques chèvres. De

---

(1) Petite pagode affectant la forme ovalaire, l'une de celles qui furent le plus en vogue primitivement.

temps à autre, on apercevait des femmes lavant du linge aux points où la plage est abordable. Les pêcheurs se tenaient aux endroits où il y avait peu de courant; ils nous regardaient à peine et ne se dérangeaient nullement de leur besogne. Nous nous croisâmes bien avec trois ou quatre barques qui remontaient le fleuve à la voile et à la rame; mais nous allions si vite, le courant était si impétueux, qu'elles restèrent éloignées, de peur d'un abordage. Le Laos se contenta de héler leurs mariniers pour échanger quelques mots avec eux.....

Une fois le fort de la chaleur passé, la population accourt sur le rivage. Les hommes et les jeunes garçons se baignent à l'écart, mais pas assez loin pour qu'ils perdent de vue leurs compagnes. Ils ôtent le patsôo et s'élancent... Les femmes, les jeunes filles et les petits enfants vont aux places sablonneuses. Ces derniers barbotent sur la plage. Les jeunes filles et leurs mères, qui ont presque toujours le cou, les épaules et les bras nus quand elles se rendent au bain, s'avancent en relevant progressivement le tamein ou le saroong, et lorsque l'eau les atteint à la ceinture, elles enlèvent ces étoffes par un mouvement rapide, elles plongent en même temps le restant du corps dans le liquide, puis elles nagent en tenant leurs vêtements au-dessus de la tête pour aller les déposer sur la berge ou sur les rochers. Au sortir du bain, elles exécutent la manœuvre inverse...

C'est ainsi que chacun devient habile à un exercice impérieusement réclamé par l'hygiène sous ces brûlants climats. J'ai vu des enfants et des petites filles de cinq à six ans qui nageaient déjà comme des poissons.....

Durant cette longue journée de navigation, le Laos me confia les détails les plus intimes touchant l'organisation politique et sociale de son pays natal.

« Nous sommes, dit-il, les débris d'une vaillante
« nation, jadis puissante et redoutée. Les revers
« de la guerre, les désastres de l'invasion nous
« ont amoindris, mais nous subsistons encore.
« Ainsi, tandis que plusieurs de nos familles, dis-
« persées par la conquête sur toute l'étendue de
« l'empire birman, subissent l'oppression comme
« un fait accompli, d'autres, refoulées au berceau
« de leur antique domination, constituent cepen-
« dant une entité vivace, indestructible.....

« Nous formons ici une agglomération nationale
« d'environ 70,000 âmes, divisée en deux por-
« tions distinctes. L'une occupe la rive droite du
« Salouein depuis sa jonction avec le Nan-Ting ;
« l'autre est établie sur la rive gauche du fleuve
« et s'étend au-delà du Nam-Lon (1). La première

----

(1) Le Nam-Lon s'appelle indifféremment : Mé-Mouang'
Nan-Maing, Kyang-Loung, de même que la ville de
Mouang-Lon se nomme aussi Myôo-Loung et Maing-
Loung-Dgyé.

« est soumise au Tsauboua de Thein-Ngnye, qui,
« lui-même, est tributaire de l'empire birman.
« Toutefois nos frères ne manqueraient pas de
« secouer le joug si ce joug venait à s'appesantir
« un peu lourdement sur eux. La seconde,—celle
« dont les miens font partie, — est indépendante.
« Afin de mieux se soustraire à toute pression, à
« toute influence extérieure, elle s'est fractionnée
« en tribus d'une faible quotité numérique, —
« c'est-à-dire de quinze à dix-huit cents habitants
« chacune, — unies entre elles par un lien fédé-
« ratif que l'intérêt commun rend indissoluble.

« Mon père, vieillard courageux et plein de
« prudence, commande, par élection, à l'un de
« ces groupes. Le Tsauboua de Maing-Loug-Dgyé,
« — en chinois : Mouang-Lon ; — appartient à la
« confédération. Bien qu'il en soit le chef nomi-
« nal, parce qu'il est le plus puissant, sa suzerai-
« neté n'est que fictive, car ses attributs ne s'é-
« tendent pas au delà des limites de son ter-
« ritoire. Du moment où il enverrait un de ses
« soldats sur nos terres, du moment où il porte-
« rait la moindre atteinte à nos prérogatives, la
« confédération se lèverait en masse contre lui...
« Chez nous, tout le monde porte les armes...

« Nous ne possédons ni villes, ni villages, seu-
» lement des hameaux. Cette disposition est
« éminemment favorable au maintien de notre
« constitution sociale. Au premier signal du dan-
« ger, nous cacherions au fond des grottes le peu

« d'objets précieux que nous possédons, nous
« chasserions les troupeaux sur les hauteurs, et
« nous occuperions les défilés avec la ferme ré-
« solution de les défendre jusqu'à la mort...

« Les Pégouans de Maulmein et de Martaban,
« qui remontent le Salouein, ne sont jamais ad-
« mis au-delà du confluent du Nam-Lon... Ce
« sont des gens à la dévotion des Anglais. Si nous
« leur fermons l'accès parmi nous, c'est qu'ils
« nous sont suspects. Leur commerce avec nous
» va toujours en déclinant à cause des entraves
« que nous avons cru devoir y apporter par pré-
« caution. Il se réduit aujourd'hui à des opéra-
« tions insignifiantes...

« Les marchands chinois qui descendent le
« fleuve pour venir trafiquer chez nous ne nous
« inspirant aucune crainte, nous ne leur témoi-
« gnons aucune défiance. La Chine est en proie
« aux dissensions intestines. D'ici à longtemps elle
« ne saurait être en mesure de s'étendre davan-
« tage. L'empereur est assez embarrassé pour
« comprimer la rébellion et préserver son au-
« torité des atteintes qu'on lui porte de toute
« part, sans qu'il s'avise de songer à de nouvel-
« les conquêtes; en outre, nous sommes trop
« loin...

« Les Chinois, observateurs scrupuleux des res-
« trictions que nous leur imposons, sont donc
« assez bien accueillis parmi nous. Ils nous ap-
« portent du thé, du sucre, qui sont préférables

21.

« aux nôtres ; des ustensiles, des vases de porce-
« laine que nous ne savons pas fabriquer ; des
« étoffes fines, qu'il nous est impossible de tisser
« attendu la pénurie où nous nous trouvons en fait
« de machines et de métiers un peu compliqués;
« et aussi des armes, de la poudre, que nous pré-
« férons acheter d'eux pour si mauvaises qu'elles
« soient... A notre tour, nous leur livrons le su-
« perflu des richesses dont la nature nous grati-
« fie avec libéralité...

« Le safran, l'indigo, le cachou, le sené, la
« casse, la rhubarbe, des peaux, des cornes, de la
« venaison, des plantes oléagineuses ou saponi-
« fiantes, une foule de gommes, de vernis, diver-
« ses matières tinctoriales, entre autres le *ou-pouey-*
« *tzé* (1), espèce d'excroissance parasite qui se pro-
« duit sur la feuille de certains arbres et dont les
« Chinois obtiennent par extraction une couleur
« verte très-vive, très-tenace, qu'ils revendent à un
« prix fou ; enfin différentes substances textiles,
« parmi lesquelles figure une plante herbacée qui
« croît spontanément chez nous, dont nous ne fai-

---

(1) On a cru longtemps que le *Ou-pouey-tzé* était une
excroissance végétale analogue à celle qui pousse dans
nos climats sur les feuilles du frêne. On a reconnu qu'il
constituait un nid d'insectes. C'est du Ou-pouey-tzé que
se tire un de ces fameux verts de Chine qu'un industriel
français, M. Charvin, est parvenu à imiter tout récemment avec un succès complet.

« sons aucun cas parce que nous ne savons pas en
« raccorder les fibres , et que ces marchands
« réimportent chez nous après l'avoir mélangée
« à leurs tissus les plus légers, les plus brillan-
« tés, les plus soyeux (1).

« Les transactions commerciales s'opèrent par
« voie d'échange. Nous n'avons aucune espèce de
« monnaie. Le peu d'or ou d'argent qui s'est in-
« troduit dans la contrée provient de cette source.
« On tolère la manipulation du fer sur une
« échelle restreinte. La recherche des pierres
« gemmes, l'exploitation des mines métalliques
« sont rigoureusement interdites. L'autorité est
« paternelle, conciliante. Il se commet peu de
« délits ; les droits de chacun sont nettement dé-
« terminés, strictement observés. Cependant les
« chefs sont armés, au sujet des mines, d'une
« latitude sans borne. Le coupable serait puni
« de mort !... Cette mesure est une sauvegarde
« pour nous ; c'est d'elle seule que dépend no-
« tre conservation. A peine nos trésors se se-
« raient-ils produits au grand jour, l'avidité des
« étrangers nous susciterait des ennemis irrécon-

---

(1) Nous entendons parler ici de l'espèce d'ortie blanche
appelée *China-grass,* par les Anglais, dont les manufac-
turiers se sont emparés en Europe pour en confectionner
des étoffes légères, brillantées, en les mêlant au coton,
à la laine ainsi qu'à la soie.

« ciliables, nous perdrions notre indépendance,
« nous deviendrions des esclaves !.....

« Nous ne l'ignorons pas : on nous appelle des
« *sauvages*..... Quoi ! nos goûts sont modérés, nos
« besoins presque nuls ; nous n'avons ni tendances
« subversives, ni incitations perverses ; nous pré-
« férons une vie facile, une existence paisible, à
« l'assouvissement de ces mille désirs, à la satis-
« faction de ces innombrables nécessités qui nais-
« sent de la condition tourmentée que vous nom-
« mez, je crois, la *civilisation*, le *progrès*, et on
« nous traiterait avec dédain !... Assurément votre
« esprit est plus vaste, plus développé ; mais en
« êtes-vous plus heureux pour cela ? Nous avons
« moins de conception, moins d'aptitude à l'in-
« dustrie, moins de talent, moins d'habileté pra-
« tique, mais nous sommes plus tranquilles, plus
« libres, car rien ne nous attache si ce n'est les
« affections de la famille et nos devoirs envers
« notre communauté... Ah ! gardez vos perni-
« cieuses conquêtes, vos découvertes corrup-
« trices... Gardez pour vous le produit de vos
« veilles, de vos labeurs, de vos patientes études,
« de vos longues investigations, de vos combinai-
« sons savantes, de vos tentatives audacieuses, et
« laissez-nous notre pauvreté, notre simplicité,
« notre ignorance. Elles nous sont chères ; elles
« font notre bonheur !..... »

En prononçant ces dernières paroles, la voix du
Laos, ordinairement grave et douce, avait pris

une intonation profonde, accentuée; ses yeux s'étaient animés du feu de la fierté; son regard serein se portait sur moi avec une noble assurance; sa pose décélait la conviction, l'enthousiasme, aussi ne pus-je m'empêcher de murmurer à part moi : « Oui! si tous ses compatriotes res-
« semblent à ce gaillard-là, les Birmans ou les
« Anglais auront de la peine à les soumettre... »

C'était pour moi un cas de conscience, non pas de jeter le trouble dans cette âme naïve, candide, généreuse, mais de dessiller son intelligence en soulevant légèrement le voile qui obscurcissait à son esprit l'auguste vérité.

— « Mon ami, » lui dis-je avec une émotion que je ne cherchais nullement à lui cacher : « j'ai
« appris depuis longtemps à vous connaître. Je
« vous aime; bien mieux, je vous estime. Per-
« mettez-moi donc de vous parler avec sincérité,
« à cœur ouvert.

« .... Vous êtes dans l'erreur... Malgré votre
« bonne foi, vous vous trompez en envisageant les
« choses sous un faux jour et d'un point de dé-
« part mal choisi. Les sentiments d'amour, de
« fraternité que vous venez d'émettre sont trop
« restreints; ils tournent à l'égoïsme... Eh ! votre
« pays est-il donc autre chose qu'un recoin im-
« perceptible du globe? Vous-mêmes, qu'êtes-
« vous de plus qu'une famille infime parmi la
« multitude [infinie des êtres de la création?...
« La logique, la morale, la philosophie, la reli-

« gion réprouvent cette doctrine amoindrissante,
« négative ; en d'autres termes, tout ce qu'il y a
« d'élevé nous prescrit de donner à nos senti-
« ments une extension plus large, plus féconde...
« Ah ! croyez-le bien ; malgré la divergence d'o-
« pinions, malgré la dissemblance des attributs
« qu'on lui prête, malgré la différence de sym-
« bole et d'appellation, Dieu est partout le même...
« Votre Dieu et le nôtre ne font qu'un : le Dieu
« éternel, immuable, le commencement et la fin,
« l'essence de toute chose... Seulement vous le
« rapetissez, vous le faites à votre image, tandis
« qu'il nous a fait à la sienne en exhalant sur no-
« tre front son souffle immortel !... Dans son uni-
« versalité globale, Dieu étend à la nature entière
« sa bienveillante sollicitude. Il n'a rien créé
« d'inutile. Chaqne molécule de la matière, cha-
« que sensation, chaque émanation intellectuelle
« ont leur utilité, leur but, leur raison d'être ;
« ainsi rien ne peut ni ne doit être improductif :
« les choses comme les idées, les passions comme
« les renoncements, les vices comme les vertus,
« la matière comme la pensée, les poisons comme
« les substances neutres en apparence !... Et d'a-
« bord, il n'existe pas de corps inerte. Tout parti-
« cipe d'un mode d'existence qui lui est propre...
« De même que le mouvement incessant — quoi-
« que insaisissable parfois pour nos organes, — est
« la loi de la nature, de même le travail continu
« est la loi des sociétés. Ces deux lois ont entre

« elles une connexité intime ; l'une est le prin-
« cipe, l'autre le corollaire. Si l'âme humaine a
« des rayonnements qui traversent les espaces
« célestes, des lueurs subtiles capables de sonder
« les ténèbres des masses opaques ; si elle a des
« inspirations industrielles annihilant les dis-
« tances, les mers, les frimats et les tempêtes,
« c'est que l'homme a reçu la mission d'élaborer
« la matière, de la vivifier, de l'ennoblir... Il faut
« donc que nos facultés se développent et non
« qu'elles s'atrophient ; il faut qu'on multiplie
« les sensations honnêtes, les jouissances licites
« au lieu de les réduire à néant... L'homme
« est le pivot sur lequel se meut le GRAND-ŒUVRE.
« Tout est du ressort de l'activité humaine. Nous
« sommes le bras intelligent de la Providence
« tant que nous ne mésusons pas de nos forces,
« tant que nous les équilibrons prudemment,
« tant que nous refrénons en nous-mêmes ces
« élans passionnels qui tendraient à nous faire
« sortir du foyer d'attraction générale... Plus
« nous cédons à l'insatiable et légitime besoin de
« mouvement qui nous agite ; plus nous travaillons
« à combler le vide de nos connaissances, à éten-
« dre notre domaine ; plus nous nous appliquons
« à pénétrer les secrets dont Dieu s'est réservé
   la divulgation successive, graduelle ; plus nous
« obéissons à ces aspirations qui couvent dans
« notre cœur comme une flamme divine, qui
« illuminent notre cerveau comme une auréole,

« et plus, par cela même, nous approchons de la
« perfection... Tous, nous nous devons à l'huma-
« nité toute entière, et l'humanité se doit égale-
« ment à chacun de nous; c'est en cela que gît
« l'avenir de la société !... Ah ! mon ami, si jamais
« les lumières du christianisme éclairent votre
« belle âme, vous deviendrez un homme nou-
« veau, vous vous sentirez vous-même transfi-
« guré !... »

Le Laos courba le front, me serra la main et
demeura pensif...

VI

Le jour baisse vite sur le Salouein; l'aube crépusculaire du soir est d'une longueur extraordinaire...

Cependant le soleil disparaissait derrière la
cime des montagnes : les objets s'enveloppaient
d'une couche vaporeuse, le profil des roches
s'adoucissait peu à peu, la verdure des forêts de-
venait plus sombre encore, et la nappe du fleuve
avait pris l'apparence d'une bande d'argent mat.

Je m'étais étendu sur ma couchette, les ten-
tures de la cabine à moitié entr'ouvertes, ab-
sorbé vaguement par la mobilité du tableau sai-
sissant qui s'offrait à moi... Le Laos me tira de
cette rêverie contemplative.

— Boohguy, me dit-il, avant peu nous serons arrivés.

— Ah! m'écriai-je en me dressant sur mon séant.

— Cette petite rivière qui serpente là-bas, sur notre gauche, sert de limite au territoire de ma tribu.

M'étant levé, je me plaçai sur le devant de la cabine, ma lorgnette à la main.

— Mais c'est charmant! lui dis-je... J'aperçois, sur les bords du ruisseau, certains végétaux aquatiques, et sur la pente des collines, certains arbres que je n'ai encore remarqués nulle part.....

— Je vous les ferai examiner de près, un de ces jours-ci..... Les Chinois viennent nous en acheter les produits, soit qu'ils ne les aient pas chez eux, soit que ces articles s'y paient trop cher..... Tenez, distinguez-vous des barques amarrées à proximité de ce promontoire?

— En effet..., je les vois...

— Les marchands de cette nation s'établissent là pour pratiquer leurs échanges...

Il y eut une pause.

Nos bateaux filaient comme le vent. L'embouchure de la rivière fut bientôt dépassée.

— Boohguy, si vous saviez combien je tremble! reprit le Laos d'une voix agitée.

— Pourquoi donc? mon ami.

— J'appréhende qu'un malheur ne soit survenu dans ma famille depuis ma disparition...

— Du courage! vos alarmes se dissiperont tout à l'heure.

— Vous verrez bientôt mon père : la droiture, la loyauté personnifiées... Et ma mère, ma pauvre mère !... *Hamoueh!* que de larmes elle a séché de ses lèvres durant notre enfance, sans jamais en faire couler une seule !... On a dû me croire mort...; elle aura bien pleuré !...

— Vous l'aimez, n'est-ce pas?

— Si je l'aime! s'écria-t-il en comprimant sa poitrine à deux mains.

Puis il ajouta :

— J'ai aussi un frère et deux sœurs... Quoique mon frère et l'aînée de mes sœurs — je suis leur cadet, — soient mariés, ils habitent avec nos parents... Nous nous aimons, mais nous n'avons pas le même caractère... Mon frère est sérieux, peu communicatif; ma sœur est fière, hautaine... L'autre, la plus jeune...

— Ah! celle-ci est la préférée...

— J'ai bercé May-ya sur mes genoux... Si elle ne s'est pas mariée pendant mon absence c'est presque une vieille fille, car elle a déjà dix-sept ans... On dit que nous nous ressemblons trait pour trait, au moral et au physique...

— Vous faites là son éloge...

— Oh! que non... Elle a aussi mes défauts : une vivacité, une expansion extrêmes...

— Elle doit être bien belle !...

— Vous croyez?... Au surplus vous ne tarderez pas à en juger...

Il s'interrompit pour aller adresser quelques mots au timonier. Ma barque se trouvait en tête. Elle quitta aussitôt le milieu du fleuve et se rapprocha insensiblement de la rive gauche.

Le Laos vint se placer de nouveau à côté de moi... Tout à coup, ayant arrondi ses deux mains près de la bouche, il se prit à entonner, de toute la puissance de son organe, un chant plaintif et mélancolique, en dirigeant les sons vers la plage natale.

Les ténèbres grandissaient, le paysage s'effaçait, la nuit s'avançait à grands pas... Cette voix grave, pénétrante, s'élevant au milieu du silence de la nature et du murmure des flots, ressemblait à une évocation... Eh! mes sens abusés, fascinés, ne me trompent-ils pas en attribuant à la répercussion des échos du rivage la redite prolongée des dernières notes de chaque strophe?... En effet, ces notes nous étaient renvoyées avec une intensité de plus en plus frappante...

Il me sembla voir la rive s'animer... On allait, on venait, on courait sur le bord du fleuve; des points lumineux apparaissaient, fugitifs çà et là... Alors le Laos poussa trois fois un long cri, modulé par des inflexions étranges... Les bois, les collines, les vallées, le rivage y répondirent...

A peine mon bateau venait-il d'accoster sur une anse sablonneuse, à plus de trente pas de la berge, des ombres franchissent l'espace, ayant de l'eau jusqu'à la ceinture, envahissent la barque, se précipitent vers le Laos, et on l'étreint, on l'étreint à l'étouffer !... Il m'indique à ces gens... Vingt bras se lèvent... J'étais déposé à terre que je ne comprenais pas encore bien ce qu'on voulait faire de moi...

Soudain un bruit tumultueux se produit, grossissant rapidement... Deux femmes échevelées s'élancent à travers la foule :

— Mon fils !...

— Mon frère !...

— Ma mère ! ma sœur !...

Et ce furent des caresses, des embrassements, des pleurs, des transports délirants, des phrases incohérentes... Mais un vieillard paraît, suivi d'un jeune homme et d'une jeune femme.

Le Laos se déprend pour voler vers eux... Touchant spectacle ! . . . .

L'habitation du chef était assise sur une éminence. Des serviteurs armés de torches nous rejoignirent à moitié chemin. Ce ne fut qu'à l'instant où nous pénétrâmes dans ce sanctuaire de la famille, que les parents du Laos, les droits de la nature étant satisfaits, se rappelèrent les devoirs de l'hospitalité envers moi.

Qu'on se remémore la parabole de Lazare, celle de l'Enfant prodigue, et on aura une idée de la manière dont nous fûmes festoyés. Se figure-t-on ces cœurs attentifs, ces âmes palpitantes au récit du Laos? Et les tressaillements, et les angoisses, et la joie que suscitèrent ses paroles ?.....

May-ya se taisait, versant de chaudes larmes.

— Ah! murmurait la mère : j'ai bien gémi sur toi, mon fils..... Que de démarches n'avons-nous pas faites afin d'être renseignés sur ton sort! Ton cadavre n'ayant pas été retrouvé, il nous restait une lueur d'espérance : tu devais être prisonnier... On fit la paix avec les Mutzas, en vue de ton rachat... Ta rançon était prête : nous l'eussions faite à nous deux, May-ya et moi... Voilà qu'on nous apprend que tu as été conduit en esclavage chez les Birmans..... J'ai failli en mourir; j'en serais morte si May-ya ne m'eût consolée ;... elle s'attendait à ton retour !.....

— Je souffrais de votre chagrin autant que vous-mêmes, répondit le Laos en pressant sur son cœur sa mère et sa sœur cadette, assises à ses côtés.....

Lorsqu'il en arriva à parler de sa liaison avec la fille du juge de Ngnyoungôo, sa mère frémit.....

— Malheureuse que je suis ! s'écria-t-elle éplorée. Tu vas encore nous quitter, j'en suis sûre...

— Sans ce hasard inespéré et sans la rencontre du généreux *Kala* que voici, tu n'aurais jamais revu ton fils..... J'aurais péri à la chaîne, de désespoir ou de consomption, répondit-il avec un accent intraduisible.

— Tu n'espérais donc plus en nous!... Je t'aurais cherché par toute la terre, hasarda sa sœur...

Il la remercia d'un regard fondant.....

Ce fut mon tour d'être complimenté, adulé, caressé. Les manifestations de chacun étaient en rapport avec leur naturel respectif : sincères, profondes, bien senties, de la part du père ; convenables, mais un peu circonspectes, de la part du frère et de la sœur aînée ; touchantes de sensibilité, de gratitude, d'épanchement, d'abandon, chez la mère et chez la jeune fille. . . . . .

Malgré mon vif désir d'abréger, les souvenirs accourent sous ma plume... J'en saute, et des meilleurs.

Le hameau se compose d'une centaine de cases separées les unes des autres par une plantation d'arbres fruitiers ou de grands arbustes à fleurs, autour desquels s'enroulent toute sorte de cucurbitacés : courges, concombres, calebasses, potirons, citrouilles ; et aussi par un treillage de bétel. Un nombre égal de cases sont dispersées en divers sens dans les bois ou parmi les ravins... Une douzaine d'habitations, plus vastes, mieux établies, possèdent des palissades.

Au centre de la localité, se trouvent : un portique couvert ou *Yoom-Dau* (1), servant de lieu de réunion aux anciens quand ils ont à s'entretenir des affaires de la communauté ; un autre portique à toiture, également élevé sur des colonnes

---

(1) La signification propre du mot *Yoom-Dau*, est celle de *maison de ville*, *maison commune*, ou *mairie*.

de teck, le *Tara-Yoom* ou chambre de justice du chef pour les occasions solennelles ; une *Dagobah* ou pagode qui affecte la coupe d'une cloche, bâtie en *Koucha-poukka*, briquetage mêlé de vase limoneuse ; un *Kyoung*, ou sanctuaire monastique desservi par quelques poônguys, ascètes on ne peut plus simples et tolérants ; un *Zayat* (1), ou abri pour les voyageurs. Tels sont les édifices publics. Des marchés, des bazars, des palais, des prisons, des casernes : pas un vestige…

Le mhat du chef est circonscrit à un plateau ombragé de grands arbres. Le sentier qui y conduit est facile, mais les abords forment un talus escarpé. A l'entrée de l'enceinte, la voie est coupée par une tranchée que surmonte un plancher de madriers tout bonnement posés sur le sol. En cas d'attaque et une fois les habitants réfugiés dans ce fort, on peut enlever le pont, masquer l'ouverture du mhat par des palissades mobiles, préparées à l'avance, et soutenir un siége. On a eu soin de ménager des issues secrètes pour favoriser la fuite si les assiégés venaient à être réduits à la dernière extrémité.

Le principal corps de logis est spacieux. Il n'a pas de varande, mais une galerie ouverte sur la façade. Les autres sont des bâtiments d'exploitation, des magasins pour les denrées, un hangar

---

(1) *Zayat,* maison de repos.

pour le bétail, un logement pour les travailleurs... La place ne manque pas. Si on ne découvre rien de superflu, on reconnaît que rien de ce qui est nécessaire ne fait défaut... Ni gardes, ni soldats, ni valets, ni harem. Les femmes, sont des compagnes ; les serviteurs, sont des égaux, des amis... Les Laos, tous monogames, ont des mœurs très-pures.

Les cases reposent sur des troncs d'arbres ; les cloisons ou séparations sont en bambou et en rotang ; la toiture se recouvre de feuillage ; le plancher, ordinairement un peu élevé au-dessus du sol, forme un compartiment destiné à la volaille, aux pigeons, aux chèvres et aux bêtes de basse-cour ; on y remise aussi parfois les bœufs et les chevaux. Ces animaux sont peu nombreux... Les chiens abondent : tolérés, nourris, mais fort peu soignés.

On ne cultive pas les fleurs ; Dieu les sème à pleines mains sur les arbres, sur les buissons, dans les forêts, dans les jongles, au fond des vallées ou au bord des eaux.

Chacun possède un jardinet, adjacent à son habitation, pour avoir de l'ail, de l'oignon, des tomates, du piment, du gingembre, du curcuma, des bamians ou gombaux, etc. Les terres propres à la récolte du riz, du tabac, des plantes légumineuses, telles que : pois, haricots, fèverolles, sont partagées entre les familles. Les terrains vagues livrent les ignames, les patates douces, les rhizomes d'*arrow-root*, etc. Les endroits humides donnent des liserons, des plantes aquatiques. Les ruisseaux fournissent des crabes, du poisson de roche. Le tamarin et le safran poussent partout ; diverses matières textiles croissent spontanément ; enfin les rivières et les forêts offrent à ceux qui ont un peu de patience, un peu d'adresse, de quoi subvenir largement à leurs besoins ou alimenter les échanges.

Si je voulais m'étendre sur le rendement naturel des forêts, des vallées et des jongles, il me faudrait y consacrer un gros volume. Je me bornerai donc à des indications restreintes, concernant les productions les plus essentielles, en faisant remarquer au lecteur que ces substances, n'ayant été exploitées ou n'ayant acquis une valeur commerciale qu'à partir de l'invasion mongolo-chinoise du treizième siècle, ont conservé, pour la plupart, leur désignation chinoise.

Le *Yen-fou-tzé* est l'arbre sur lequel un insecte élabore l'espèce d'excroissances nommées *Ou-pouey-tzé*, dont nous avons déjà parlé.

L'ortie blanche, ou *China-grass*, couvre le sol (1).

Des insectes à soie, le *Tsouen-kyen* et le *Tihôo-kyen*, déposent leurs baves au hasard, sans symétrie,

----

(1) Les Anglais, qui ont été les premiers à s'emparer de cette herbe, en Chine, et à lui donner le nom de *china-grass*, nomment *grass-cloth* (drap d'herbe) les étoffes dans lesquelles entre cette matière textile.

en brins filamenteux, sur le premier buisson ou sur le premier arbre venu.

Le *Kouchou* est un genre de figuier laiteux dont il découle, par suite d'incisions, un suc qui a la propriété singulière de faire adhérer l'or et l'argent.

Il existe une espèce de coton, provenant d'arbrisseaux nains, qui l'emporte par la douceur, la finesse, la force, la souplesse de ses fibres, sur les autres produits similaires.

Certaine variété de consoude a des racines qui jouissent de propriétés hygiéniques.

Il y a un arbre dont les fruits portent des noyaux harnus d'où s'e xtrait, par la fusion, un suif pareil au nôtre.

Le *Pela-tchoong*, vermisseau à cire, engendre sur l'écorce d'un arbrisseau épineux — le *Kan-la-tchou*, — et sur celle d'un arbre aquatique — le *Tchouy-la-tchou*, — une sorte de coque pleine de cire blanche.

Le *bois de fer* est éminemment propre à la fabrication des manches d'outils, ustensiles, instruments aratoires, ancres de barques, piquets, pièces de machines, etc., attendu qu'il ne se casse ni ne s'ébrèche comme le fer.

On obtient de l'arbre appelé *Tsy-tchou*, au moyen d'incisions, un vernis aussi fixe, aussi transparent que le fameux vernis du Japon.

Sans parler du cachou, du teck, du saal, du thil, du santal, du curcuma, du cambodge, de divers arbres à caoutchouc, du bois de rose, du cocôtier, du camphrier, du latanier, des indigofères, du jute, du vacuois, d'une foule d'arbres, d'arbrisseaux, de plantes utiles, qui donnent des substances gommeuses, résineuses, oléagineuses, alcooliques, saccharines, vernificatrices, insecticides et ayant la propriété de communiquer leur incorruptibilité aux autres bois ou matières, je citerai encore :

Le *Tchou-kou*, arbre dont l'écorce sert à fabriquer un excellent papier.

Plusieurs fruits dont le péricarpe constitue des mordants tinctoriaux ou fixatifs, aussi bien pour les étoffes que pour les peintures de boiseries.

Un fruit des jongles, disposé en énormes grappes, dont les grains charnus, juteux, plus gros que ceux du raisin, sont susceptibles de fournir une quantité considérable d'alcool.

Divers nerpruns épineux dont les baies, réduites, donnent des laques — entr'autres le *Lo-Kao*,— qui sont la base de quelques-unes des couleurs vertes de la Chine.

Enfin le *Poonguy-yé-pé* (1), arbre qui affectionne le bord des rivières, de même que le bouleau. Son bois, dépouillé de l'écorce, présente l'aspect de l'acacia, quoiqu'il soit moins dense, plus fila-

---

(1) *Poonguy-yé-pé* signifie, en langue birmane : *l'arbre aquatique des poonguys*, parce que l'étoffe dont se confectionne le vêtement des prêtres est toujours teinté au moyen d'une décoction de cet arbre aquatique.

menteux. On le débite en copeaux. Après une macération de plusieurs jours dans l'eau pure, on le fait bouillir à peu près comme le campêche, le fernambouc ou le gayac. Le décocté constitue une couleur jaune qui se fixe pour toujours sur les tissus ; bien mieux, cette couleur devient d'autant plus flatteuse à l'œil que l'étoffe aura été plus souvent passée au lavage.

Si je m'écoutais, je n'en finirais pas ! Nous allons clore, ici, cette nomenclature. . . . . .

. . . .

Esquissons d'un léger crayon la physionomie de chacun des membres de la famille du Laos afin d'avoir un aperçu de leur caractère et de leur genre de vie.

Le chef, vieillard vigoureux, d'environ cinquante-cinq à cinquante-six ans, ferme, réfléchi, bienveillant, inspirait un profond respect. Ses paroles étaient des oracles. On l'écoutait avec déférence, on lui obéissait sans murmurer... Il se mêlait fort peu aux détails de son intérieur, car ces choses le touchaient à peine..... Ses matinées étaient employées à rendre la justice, à écouter les plaintes, à donner des conseils, à concilier les différends, à apaiser les inimitiés, à prononcer des décisions concernant les affaires de la communauté, à déterminer la délimitation des droits acquis à chacun, ou à fixer l'époque à laquelle devait commencer leur application... Dans le courant de la journée, il visitait les troupeaux, les

cultures, distribuant des avis et des recommandations que l'on accueillait avec la résolution de
les suivre..... Il consacrait le reste du temps à sa
famille, à sa nombreuse progéniture : les enfants
de sa fille et ceux de son fils.

La vieille bonne mère était censé diriger l'éco-
nomie domestique. Son âge la dispensait de ces
soins. Elle avait reporté sa sollicitude sur ses
petits-enfants. Sa douceur, sa mansuétude lui
conciliaient l'affection, la vénération de tous...

La fille aînée était l'intendant, le véritable ma-
jordome de la maison. Non-seulement elle s'oc-
cupait des mille détails d'intérieur, mais depuis
l'absence de son frère cadet elle s'était habituée
à diriger les travaux extérieurs. Son mari, devenu
son adjoint, avait remplacé le Laos dans ce qui
se rattachait aux armes, à la chasse, à la pêche,
à la récolte, à l'exploitation des jongles ou des
forêts, à la surveillance des serviteurs employés
au dehors. Elle était froide et impérieuse ; aussi
la craignait-on plus qu'on ne l'aimait.

Quant à May-ya, malgré sa vivacité tout le
monde l'adorait. Active, accorte, gracieuse, ne re-
butant personne, s'aidant à tout, prenant l'initia-
tive de ces petites attentions qui plaisent, toujours
occupée des autres et jamais d'elle-même, ne
cherchant pas à se mettre en évidence, elle répan-
dait l'allégresse autour d'elle, heureuse du bonheur de tous, contente de son sort et n'enviant celui
de personne. Quelle délicieuse et ravissante créa-

23

turé! En outre elle était si belle !... Légère comme un faon, avec ses grands yeux noirs de gazelle, un galbe sculptural, des méplats à teintes jaspées, des lèvres fines et framboisées, des dents blanches, une chevelure fournie, une démarche de prêtresse, elle seule ignorait la séduction que respirait son approche!. . . . .

VII

Il y avait une différence bien tranchée entre la fastueuse réception du Tsauboua de la presqu'île et l'hospitalité du Laos. Pourtant je préférais celle-ci ; il me semblait que j'étais en famille.

Le chef, sa femme, May-ya, se torturaient sans cesse l'esprit afin de me ménager quelque nouveau divertissement qui me rendît mon séjour parmi eux agréable. Le Laos, connaissant mes goûts, mettait ses parents sur la voie ; et son frère ainsi que son autre sœur s'y prêtaient autant que leur naturel le permettait.

Le surlendemain de notre arrivée, il y eut une fête pour célébrer le retour inespéré du prisonnier. La tribu entière y assista. Tandis que les notables ou les vieillards étaient réunis dans l'intérieur de l'habitation autour d'une table de gala, on distribuait des rafraîchissements aux visiteurs dispersés dans l'enceinte du mhat, à l'ombre des grands arbres.

Les mœurs de cette peuplade ont quelque chose de primitif; aussi les jeux auxquels la foule se livrait avaient-ils de l'analogie avec ceux de l'antiquité. Par ici, les adultes et les hommes faits s'exerçaient à la paume, à la lutte, au pugilat; par là, on grimpait sur les arbres, on sautait, on courait; plus loin, on tirait de l'arc, de l'arbalète, on maniait le rotin, la lance ou le dah, la poudre étant trop rare pour être consommée inutilement. Les jeunes garçons imitaient leurs aînés, ou bien ils jouaient aux osselets et au cheval fondu. Les enfants sautaient à la corde ou s'amusaient aux quilles, à la toupie, au cerceau. Les hommes mûrs, assis à l'écart, faisaient gravement leur partie d'échecs, de dames ou de dés, jeux qui se pratiquent parmi eux depuis un temps immémorial, comme en Chine et dans l'Inde.

La course à pied était conforme à celle décrite par les auteurs grecs et latins. Le pugilat, commencé par le combat du ceste, se terminait par l'exercice que nous appelons le *chausson;* ils y excellaient et lançaient le pied par dessus la tête de leurs adversaires. La lutte offrait cette différence, que les joûteurs, un instant enlacés l'un à l'autre, pareils à des reptiles, se déprenaient pour se surprendre mutuellement par des sauts ou des bonds de panthère. Les bâtonnistes joignaient à leur jeu des tours de jongleurs. Les joueurs à la paume se plaisaient à recevoir la balle sur leur tête ou contre leur poitrine, puis ils la renvoyaient tantôt avec le coude, tantôt avec le genou, tantôt avec le pied. On grimpait aux arbres comme des singes ; on maniait le rotin, le dah ou la lance avec dextérité, mais ici le savoir des joûteurs se bornait à faire rapidement le moulinet ou à porter un coup avec force, l'escrime, c'est-à-dire l'art des feintes et des parades, leur étant inconnue. Or, ils évitaient, avec un soin particulier, de se blesser réciproquement. Quant à l'arc et à l'arbalète, les tireurs s'en acquittaient fort bien.

Par aventure, Joseph et Désiré n'étaient pas assez bien rétablis pour prendre part à ces jeux ; en conséquence je leur interdis de s'y mêler. Le premier, très-adroit, ne se consolait pas d'être obligé de rester simple spectateur. Le second regrettait vivement de ne pouvoir enseigner aux assistants sa manière de boxer, sa méthode pour *passer la jambe* en un clin d'œil, sa *quatrième division* de canne et son fameux coup d'espadon, *un coup de banderolle* dont il se disait l'inventeur. Le Laos, qui saisissait avec empressement toutes les occasions de me mettre en relief, n'eut de contentement qu'après m'avoir contraint d'exhiber mes armes. A son tour il fit parade du fusil que je lui avais donné, et nous tirâmes quelques coups pour satisfaire la curiosité du public.

Nous eûmes un drame lyrique pour la représentation sérale. Il n'y avait, il est vrai, qu'un théâtre de société, une troupe d'amateurs ; les artistes ne savaient pas tous parfaitement leur rôle, ils s'y montraient un peu froids, les costumes manquaient de fraîcheur... En revanche, l'enceinte du mhat formait la scène ; la voûte du ciel, encadrée par la cime des arbres, remplaçait les décors ; de nombreuses torches résineuses, ainsi qu'une multitude de pots remplis d'huile de naphte, rehaussaient de leurs feux rougeâtres la couleur locale du tableau ; enfin l'orchestre, non moins aigu, non moins discordant que celui du Tsauboua, avait l'avantage d'être beaucoup moins bruyant, plus harmonieux, car il se composait en grande partie d'instruments du genre des flûtes et des hautbois. . . .

. . . .

Vous dirai-je les belles chasses que je fis dans ce pays-là ?...

Une fois, entre autres, le Laos me conduisit à des parages rocheux, couverts de broussailles, où il comptait me faire tirer une espèce de gallinacé que l'on considère comme la souche d'où proviennent les coqs et poules domestiques. Après une journée de battue, nous rapportâmes une quantité de paons, de faisans, quelques coqs de bruyère, des coqs sauvages, *une poule d'or*, deux lynx, une couple de chats-tigres et autres bêtes forestières, mais aucun sujet du type que nous

23.

cherchions... La poule d'or est remarquable par l'éclat de son plumage, la variété de ses couleurs et par le panache qui se substitue à la crête ou caroncules charnues. Une portion des ailes et de la queue est d'un rouge vif; l'autre, d'un jaune brillant. Quand cet oiseau vole ou trotille, il produit de loin l'effet d'un globe d'or. Il est originaire, à ce que me dit le Laos, des provinces de Chine limitrophes des États-Shans. Il fut apporté lors de l'invasion mongolo-chinoise; aussi lui a-t-on conservé le nom de *Kin-khi*. . .

Je ne suppose pas qu'il y ait, au monde, un pays plus giboyeux. La bête fauve, la bête rousse, les gallinacés, les oiseaux de proie y abondent. Les chevrotains à musc y arrivent parfois. Nous leur avions coupé le passage à la presqu'île, paraîtrait-il, car il n'y en eut pas cette année. Les renards jaunes, les fouines, les porcs-épics, les putois, les zibeths, les pangolins, les sangliers, diverses variétés du chat-tigre nous en dédommagèrent amplement.

Les tigres sont rares dans cette contrée. A quoi cela pourrait-il tenir ? Serait-ce à la nature montueuse, abrupte du terrain. Cependant il n'en est pas de même le long de la chaîne de l'Himalaya, à partir de la Chine jusqu'au Kondouz, par delà le Kachemir. Or je constate un fait, je ne le discute pas..... Il en est de même par rapport aux éléphants. Ce pachyderme recherche les plaines marécageuses ou boisées. Il se montre dans les forêts situées au pied des monts qui limitent ces vastes savannes, mais pas au-delà. Un sol ravineux, rocheux, escarpé ne convient ni à sa masse ni à sa structure. Le tigre, peu maître de l'impétuosité de ses mouvements, y trouverait, aussi, fréquemment la mort..... On y voit des buffles domestiques ou à moitié privés. Ceux qui vivent à l'état de liberté habitent les parages où le cours du Salouein est parsemé d'îles sablonneuses, ainsi que les plages bordées de lagunes, de pâturages marécageux et de jongles.

Les cerfs,... oh ! c'est autre chose !... Nous tuâmes des daims, des chevreuils, des *quatre* et des *douze cors*, des élans aboyeurs, et une espèce d'élan-cheval, ou mieux d'élan-chameau, qui me frappa par sa taille, sa force et certains signes caractéristiques.

Cette variété possède des larmiers fort grands, qu'elle peut fermer à volonté. Elle est aussi haute que nos chevaux. Sa tête est plus droite, plus pointue, le chanfrein moins bombé que chez les autres espèces de cerfs. Une bande noirâtre entoure le museau. Les côtes sont disposées obliquement. Sur le dos, sur les flancs et aux faces externes des membres, les poils sont bruns, courts, secs ; mais, de même que chez le chameau de Boukarie et du Petit Thibet, les poils s'allongent, se redressent à l'instar d'une crinière, sur le cou, aux joues et sous la gorge ; à l'extrémité de la queue, ils forment une touffe noire et soyeuse. Les cerfs de cette espèce n'ont ni l'épaule saillante, ni la croupe basse, ni le cou ramassé de l'élan ordinaire. Leur charpente osseuse est très-solide ; leurs pieds sont larges, leurs membres vigoureux, et les longueurs articulaires bien prononcées, fortement attachées..... Il fallait quatre hommes pour porter un de ces animaux sur un brancard.

Une excursion fut consacrée à visiter les étangs d'eau de source. Nous revînmes chargés de tortues et de poissons curieux dont je me réserve de donner la description quand je parlerai de la pêehe...

Nous avions l'habitude, après chaque tournée, de rentrer à l'habitation vers le déclin du jour. Le repas nous attendait. Je faisais, dans la soirée, une partie d'échecs ou de dames avec le vieillard pendant que les enfants s'amusaient à divers jeux. Un peu plus tard, à l'heure du thé, May-ya jouait au volant ou nous récréait en se livrant à la danse avec quelques-unes de ses compagnes, des jeunes filles qu'elle réunissait au mhat à cette intention.

En Asie, — nous nous occupons des indigènes et non des castes noires, — les hommes n'exercent jamais la profession de danseurs ; ils regardent cet exercice comme étant au-dessous de la dignité de leur sexe. Il n'y a guère que quelques fanatiques — musulmans sectateurs d'Ali, Parsis

adorateurs du feu, Indous brahmanistes ou bouddhistes, — qui fassent exception à cette règle,
lors de leurs cérémonies religieuses, en dansant
dans les temples ou aux processions, à moitié
ivres d'opium, de hachisch, de goudauck ou de
boissons fermentatives..... Sur le continent indien, les danseuses, — almées, bayadères, bazgyes,
nautchiz, — sauf un petit nombre de ces dernières, affectées uniquement au service des pagodes ou des prêtres, sont des femmes de mœurs
faciles : elles s'abandonnent au premier venu....
Sur le littoral de l'Indo-Chine et de la presqu'île
malaise, aux ports de Tchittagoong, Akyab, Bassein, Rangoon, Martaban, Maulmein, Malacca,
Püloo-Pinang, Syngapoore, il en est absolument
de même...... En Birmanie, les troupes ambu-
lantes qui parcourent les stations fluviales de
l'Irraouady, qui se rendent aux villes importantes
ou qui s'arrêtent aux villages situés le long du
tracé des voies de communication, se composent
de sujets *ejusdem farinæ*. Bien que leur danse ne
soit jamais obscène, bien que leur tournure, leurs
manières soient plus humbles, plus réservées,
elles n'en ont pas moins le talent d'amorcer les
étrangers, quelquefois même de les ruiner. Par
contre chez les Shans, les Karens, les Laos et
autres tribus de l'intérieur, il n'est pas rare de
voir les femmes honnêtes se rassembler entre
elles pour danser dans un mhat ou aux abords
des avenues, à proximité de leurs maisons.

Les jeunes filles que May-ya réunissait chaque soir étaient assez jolies et bien modelées. Nul *postiche*, nul *maquillage* ; elles ne se pinturluraient le visage d'aucune drogue ; elles n'emprisonnaient ni le corsage ni la taille d'aucune baleine, d'aucun busc, d'aucun ressort ; elles ne se graissaient ou ne se teignaient les cheveux d'aucune huile, d'aucune pommade, d'aucun cosmétique (1).... Le tamein ayant l'inconvénient de s'ouvrir un peu sur le côté et de laisser entrevoir la jambe, parfois le genou, elles remplaçaient ce vêtement par un saroong formant la jupe. Une gaze légère leur couvrait la poitrine. Un gilet collant, à manches très-courtes, dessinait le corsage sans l'altérer, sans le déprimer. Ces manches, attendu qu'elles ne dépassaient guère l'entournure du bras, se terminaient par des *ajoutées* pendantes, en mousseline (2).

---

(1) Il existe, dans ces contrées, un gousse charnue dont le péricarpe, de même que l'écorce d'un autre arbuste, a la propriété de dégraisser, d'assouplir et de donner du brillant, de l'onctuosité à la chevelure.... Avis à nos belles dames !...

(2) Les chemises n'étant pas en usage dans ce pays, ce gilet s'applique sur la peau. Il se croise ou se rejoint seulement par les pointes du bas, sur le devant. Comme il ne descend pas jusqu'à la ceinture, il y aurait une portion du corps qui resterait nue si on ne la recouvrait d'un autre vêtement. Dans l'Inde on se sert, à cet effet, d'une ceinture brochée ou d'un foulard. Il arrive que les

Parmi ces jeunes filles aucune ne portait de bijoux, si ce n'est : aux oreilles, cette espèce d'étui cylindrique, en porcelaine, dont j'ai touché un mot précédemment ; aux poignets, de larges bracelets ou mieux des carcans en ivoire et en bois odorant ; au-dessus de la cheville, des anneaux du même genre.... Les unes relevaient leurs cheveux en chignon sur le sommet de la tête, ou bien les laissaient pendre en tresses jusqu'au bas du dos ; les autres tressaient en nattes les mèches du chignon et les maintenaient sur un des côtés de la tête, ce qui ne manquait ni de grâce ni d'une certaine coquetterie naïve, d'autant plus qu'elles se paraient de fleurs à profusion. Ainsi, au lieu de perles, de pierres ou de corail, — ornements que les femmes mariées ont seules le droit de porter, — elles avaient des colliers à plusieurs rangées faits avec une fleur suave que l'on appelle *mhoogry*, dans les idiomes de la côte. Cette fleur tient du jasmin, du lilas et aussi du syringa. Le calice, tantôt blanc, tantôt rose, tantôt jaune, repose sur une longue corolle dans laquelle on passe un cordonnet.

Le ballet n'était pas merveilleux. Le talent des danseuses consistait en quelques figures choré-

---

bayadères négligent parfois cette précaution. Dans les tribus de l'Indo-Chine, les femmes ont une écharpe où un voile qu'elles manœuvrent de la même manière.

graphiques entremêlées de chants un peu mono-
tones, le tout sans art, sans apprêt, sans prétention aucune ; elles marchaient plutôt qu'elles ne
dansaient ; néanmoins elles avaient de la légèreté,
de la modestie, leurs gestes étaient naturels,
leurs poses nullement étudiées..... Et May-ya les
éclipsait toutes par sa démarche gracieuse, par la
noblesse de son maintien, par la douce fierté des
regards qu'elle promenait sur son auditoire, par
l'éclat de ses yeux timides et ardents, par ses
accents passionnés, par la mélodie de son organe.
Elle s'habillait aussi avec goût. Sa chevelure, re-
jetée en grosses torsades vers l'épaule droite, se
redressait sur le front, comme un diadème, avant
d'être nouée au sommet de la tête....

Franchement, cette grâce pudique me capti-
vait. J'étais sous le charme......

. . . .

J'avais promis au Laos de séjourner huit jours
dans sa famille ; à son tour il m'avait promis de
s'en retourner avec moi. Le délai allait expirer
sans que je me fusse aperçu qu'on s'occupât des
préparatifs du départ. Désiré ne souffrait plus de
l'estomac, la femme du chef lui ayant fait prendre des rondelles de curcuma infusées dans de
la liqueur de palmier. L'inflammation qui avait
continué de se manifester au pied de Joseph
s'était dissipée par l'application de pellicules extraites du rhizome de l'arrow-root. Les bateliers
qui m'avaient amené de la presqu'île étaient

restés avec nous, d'après un ordre du Tsauboua, pour me faire remonter le Salouein jusqu'à l'endroit où il me conviendrait de prendre
la route de terre. Cette garde d'honneur, malgré
les prévenances qu'on lui prodiguait, commençait à trouver le temps long. Mes serviteurs, y
compris Louglé, soupiraient tout bas. Joseph et
Désiré, quoique mieux traités qu'ils ne le méri-
taient, étaient impatients de la discipline un peu
sévère à laquelle je les astreignais. Quant à moi,
l'existence que je menais me plaisait; mais —
pourquoi ne l'avouerais-je pas? — la beauté de
May-ya, sa bonté touchante, sa gratitude envers
moi, les attentions dont elle me comblait, tout cela
constituait pour nous deux un égal danger. Il im-
portait donc infiniment que je me tinsse en garde
contre les délices de cette espèce d'île de Calypso
et contre les attraits enchanteurs de cette Eucha-
ris d'un nouveau genre.....

— Mon cher, dis-je un soir au Laos, en regagnant le logis : vous êtes excusable de vous être
engagé un peu à la légère et de m'avoir promis
de repartir au bout de huit jours. Je conçois que
vous ayez de la peine à remplir votre engagement... D'un autre côté, ma femme doit être inquiète, mon absence s'étant prolongée au delà du
terme que je lui avais indiqué. Elle n'a pas eu
de mes nouvelles depuis notre départ de Baudhouyn-Dgyé, en supposant même que le Ouondouck n'ait pas négligé de charger un de ses

gens de mes commissions pour elle... En conséquence, je vous préviens que je vais me disposer à partir. Réglez votre conduite là-dessus...

— Booghuy, le chagrin que je dois causer à ma mère m'est sensible ; néanmoins le sentiment du devoir l'emporte chez moi sur cette considération : je partirai aussi!... La pauvre femme se doute bien que je ne tarderai guère à la quitter, mais elle ne croit pas que je doive précipiter autant mon départ... Je vais l'y préparer dès aujourd'hui. Je vous demande donc un répit de quatre jours, après quoi nous partirons ensemble...

— Quatre jours ! c'est beaucoup... non que je me déplaise ou que je m'ennuie chez vous, loin de là !...

— En effet, votre femme, vos affaires, d'autres intérêts exigent que vous partiez... Vous serez regretté de ma famille... On pensera longtemps à vous, ici, surtout ma mère et May-ya...

— Vous croyez?.... May-ya aussi?

— Je la connais... Le souvenir des bontés que vous m'avez témoignées ne s'effacera jamais de sa mémoire...

— Belle âme! excellent cœur! murmurai-je à part moi.

Je repris après une légère pause :

— Ainsi, vous me donnez sérieusement votre parole ?... Le délai, cette fois, est irrévocablement fixé... Autrement, je partirai seul...

— Vous avez ma promesse.

— Cela me suffit...

— Merci, Boohguy, pour ma mère et pour moi... A présent, sachez que je vous ménageais la partie de chasse la plus originale que vous puissiez imaginer. Nous autres, Laos, nous sommes les seuls qui la pratiquions...

— Ah bah !.... Peut-on savoir quel est l'animal fabuleux contre lequel nous aurons à nous escrimer ?

— L'animal n'est pas rare, mais la manière de le chasser est intéressante..... Il s'agit de l'axis...

— Fort bien !... J'ai désiré maintefois chasser cette bête fauve ; l'occasion ne s'en est pas offerte... J'avais bien remarqué, dans votre habitation, une demi-douzaine de perches singulières. Présumant que ces bois provenaient de quelque rencontre exceptionnelle, je ne m'y étais pas attaché davantage...

— A trois heures de marche, dans une direction que vous n'avez pas encore suivie, s'étendent des taillis où l'axis se remise... Levez-vous tard, demain matin ; reposez-vous toute la journée ; nous nous mettrons en route à la brune.

— Quoi ! comptez-vous chasser la nuit ?

— C'est en cela que consiste le merveilleux de cette chasse...

— Vous m'étonnez, vraiment.

— J'espère vous surprendre bien davantage... Ma sœur sera de la partie...

— May-ya ?

— Elle-même ;... bien mieux, c'est elle qu
jouera le principal rôle... A propos ! avez-vous
observé qu'elle chante assez bien ?

— Le timbre de sa voix est mélodieux, son organe sympathique...

— Quoiqu'elle ne vous ait pas entendu chanter,
elle en dit autant de vous...

— Comment ! elle vous a dit cela ?

— Pourquoi pas, si elle le pense ?... Au surplus, je n'ajouterai plus un mot de peur d'affai-
blir vos impressions à l'avance...

Et en regagnant le mhat, nous nous entretînmes
de l'axis.

Depuis lors, j'ai chassé cet animal au Bengale
et dans l'Hindoustan. Je puis donc retracer de
mémoire les traits les plus saillants chez cette
variété de cerf...

L'axis, au premier aspect et de loin, a de la ressemblance avec le daim ; mais, bien que la taille
soit à peu près la même de part et d'autre,
l'aplatissement et la dentelure du bois, chez ce
dernier, les nuances du pelage, plus uniformes,
contribuent à déterminer les différences signalétiques qui existent entre ces deux sous-genres.

La mue s'opère insensiblement et en toute saison, chez l'axis, aussi la coloration de sa robe est-
elle invariable, sauf les modifications qui proviennent de l'âge... Il est polygame. Son entrée en
rut n'a pas d'époque fixe. De doux et de pacifique

qu'il était auparavant, à ce moment il devient
farouche, irritable, furieux. Pour peu qu'on le
trouble dans ses amours, il attaque l'homme ou
se venge sur ses femelles... Sa taille, ce me semble, est un peu plus élevée que celle du daim.
Inquiet, surpris, il jette un petit cri que je nom-
merai un japement. Le fond du pelage est d'un
fauve brun assez vif. La tête est plus grisâtre. Le
bout du museau est noir; les côtés portent des
plaques blanches. Au-dessus du nez, s'élève un
chevron dont chaque branche va rejoindre l'un
des deux yeux... Les perches sont dégagées; elles
n'ont que deux andouillers. Celui du haut est
placé sur la tranche interne du merrain; l'empaumure se couronne bien... La queue descend
à la hauteur du jarret. De la partie du corps où
s'implante cet appendice, il règne sur la croupe
et sur le dos, jusqu'à la naissance du cou, une
raie médiane, d'un brun très-foncé, d'où partent,
le long des flancs, deux lignes de taches blanches, oblongues, inégalement espacées. La gorge,
ainsi que le dessous de la mâchoire inférieure,
est de la même couleur... Les femelles sont craint-
ves; elles obéissent à l'appel du mâle. Lorsqu'elles
se réveillent en sursaut ou qu'elles cherchent à
saisir un bruit lointain, elles arrondissent le cou
et regardent en l'air de même que si elles étaient
en contemplation. Cependant leurs yeux ont la
faculté de percevoir les objets dans une direction
plus inclinée vers le sol. . . . . ·

24.

De retour au mhat, le Laos parla, durant le repas, de la partie de chasse qu'il avait arrêtée. Ce projet n'ayant soulevé aucune objection de la part du chef, fort de ce consentement tacite il imposa silence à sa sœur aînée qui paraissait ne pas l'approuver, et ajouta que leur beau-frère, May-ya, ainsi que deux de ses compagnes, y viendraient aussi.

Le beau-frère ne demandait pas mieux.

May-ya, que cet arrangement surprit, leva sur moi un regard troublé et baissa les yeux en silence. Son teint bistré avait pâli... Je ne sais pourquoi, je ressentis moi-même le contre-coup de cette émotion subite...

Un peu plus tard, je vis le Laos s'entretenir à voix basse avec sa mère... La pauvre femme avait les yeux gonflés de larmes... Il lui annonçait, sans doute, son prochain départ.

VIII

Au temps auquel je me reporte, je dormais fort peu. Je fus donc sur pied de bonne heure, le lendemain. Étant allé me promener dans l'enceinte du mhat, j'aperçus le Laos en train de faire ses apprêts. Effectivement, une troupe de serviteurs, munis de leur dah et pourvus des objets nécessaires, se dirigèrent bientôt vers le lieu du rendez-vous.

Dans la journée, pendant que Désiré, Joseph et Louglé préparaient mes armes, mon équipement, ou confectionnaient des cartouches en ma présence, le Laos survint.

— Boohguy, me dit-il en particulier : vous douteriez-vous de ce qui a motivé l'opposition que ma sœur aînée nous a faite hier soir ?

— Pas le moins du monde...

— Eh bien ! elle craignait que vous n'eussiez une certaine appréhension à passer la nuit en forêt, dans ce pays désert, avec des gens féroces comme nous le sommes...

— Vous le savez, répondis-je en riant, je ne suis pas très-peureux... Le voyage que j'ai entrepris en votre compagnie le prouve, et de reste... Si je m'effrayais à présent, ce serait commencer un peu tard.

— Ma sœur aînée a fini par ranger mon père à son opinion... On a tenu conseil. Il a été décidé que vous emmènerez six de vos bateliers, vos huit Birmans, vos deux domestiques, ce qui, en vous comprenant, forme un total de dix-sept personnes dont vous êtes sûr... J'ai envoyé douze hommes en avant. Mon beau-frère, May-ya, deux de ses compagnes et moi, nous formerons aussi un total de dix-sept personnes... Vos gens valent bien les nôtres ; nos dahs ne valent pas vos armes à feu... Si la moindre inquiétude avait pu surgir dans votre esprit, ces dispositions suffiraient, je pense, pour vous tranquilliser.

— Je ne le souffrirai pas ! m'écriai-je. En votre compagnie, mon ami, jamais aucun soupçon ne saurait se produire chez moi, tant j'ai confiance en votre loyauté... Je m'expliquerai en présence de votre sœur aînée.

— Ma sœur aînée, malgré ses airs de froideur, est la raison, la prudence mêmes... En y réfléchissant, j'ai reconnu qu'elle n'avait pas tort. Les Mutzas sont des voisins dangereux, des amis perfides. En paix comme en guerre, il faut se méfier d'eux... Vous n'avez pas envie, je suppose, de vous exposer à tomber dans une embuscade sans avoir les moyens d'en échapper... A tout risque, il vaut mieux être en mesure de les bien recevoir s'ils s'avisaient de tenter quelque mauvais coup... Êtes-vous toujours décidé à faire cette excursion ?

— Comment donc ! plus que jamais...

— Voilà qui est entendu. . . . .
. . . .

Nous partîmes au coucher du soleil, dans l'ordre et au nombre indiqués. Mes bateliers étaient porteurs de torches qu'ils allumèrent dès que la nuit fut arrivée, ce dont ils auraient pu se dispenser car le ciel était d'une clarté inexprimable.

L'Inde, — je crois l'avoir dit déjà, — est la terre des phénomènes les plus étranges. Elle a des nuits prestigieuses, splendides... A certaines époques, le lever et le coucher du soleil sont éblouissants..... Par les beaux jours , le lever de la lune, dans son plein, ressemble à celui du soleil sous nos climats brumeux. Ses rayons, dorés, étincellent ; son diamètre est énorme ; parfois on la voit, au zénith, soutenir sans trop de désavantage l'éclat du soleil... Les nuits varient... Les unes sont enveloppées d'une telle obscurité que l'on ne distingue rien à deux pas de soi... Les autres diffèrent peu du jour, à cela près que la lumière est plus douce, moins ardente ; des myriades d'étoiles scintillent au firmament ; une infinité de constellations s'épanouissent sur la voûte éthérée ; les corps célestes paraissent plus rapprochés, plus nombreux, plus lumineux que sur notre hémisphère, et l'astre blanchâtre les éclaire au lieu d'amoindrir leur orbe radieux... D'autres nuits, enfin, — est-ce ainsi que devrait s'appeler un état qui n'est plus le passage de la lumière à l'obscurité ou des ténèbres au jour? — on croirait assister à une aurore boréale embrassant toute l'étendue de la coupole hémisphérique ! A peine la réfraction des rayons solaires en suspens dans l'air ambiant s'est-elle affaiblie, à peine la pénombre crépusculaire a-t-elle éteint les dernières gerbes du soleil, une clarté translucide s'élève, envahit la nature, pareille aux lueurs affaiblies, tamisées, de ces lampes astrales dont tous les points sont uniformément éclairés et dont le foyer n'est pas sensible... La lune s'est-elle

déjà éclipsée ? va-t-elle paraître ? où se tient-
elle ? On l'ignore, on ne saurait le dire ; mais son
influence réagit puissamment sur vous. Un fluide
inconnu vous inonde, le cerveau fermente, l'i-
magination s'enflamme, le cœur a des tendresses
infinies, l'âme a des élans chaleureux, pleins de
foi, le souffle de la Divinité vous embrase, vous
croyez assister à une manifestation de l'Être suprême, vous vous sentez sous l'œil de Dieu, vous
comprenez comment il remplit l'univers de son
immensité ! . . . .

Notre excursion avait lieu par une nuit sem-
blable. Les trois jeunes filles, Désiré, Joseph et
moi nous étions à cheval ; les autres, à pied. Les
bateliers nous précédaient, explorant la route.
Nous cheminions ainsi : le Laos et son beau-frère,
les deux jeunes filles, May-ya et moi, Joseph et
Désiré ; Louglé, avec ses Birmans, formait l'arrière-garde.

En quittant le mhat, nous suivîmes une char-
mante vallée conduisant vers les contre-forts de
la montagne qui sert de barrière aux inondations
du Salouein, sur la rive gauche du fleuve. Les
monticules, disposés en échelons, s'élevaient à
des hauteurs inégales. La perspective présentait
un amas de pitons et de crètes. A cette élévation,
les roches n'étaient recouvertes que de maigres
buissons et de touffes d'arbustes de plus en plus
clair-semées. Sous l'effet de la lumière trompeuse
qui régnait alors, les pics paraissaient devoir

nous écraser. C'était émouvant, mais triste...
Après deux heures de marche, nous atteignîmes
le sommet de la montagne. Grand Dieu ! quel
tableau imposant !...

Le versant oriental, moins raide, moins acci-
denté, — peut-être à cause de son exposition, —
est richement boisé. Les pentes glissent entre des
mamelons successifs ; l'œil ne perd pas un seul
instant de vue l'ensemble du panorama. Au pied
de la montagne, s'étend une zône de taillis
d'une profondeur limitée tandis que son déploie-
ment en largeur ne l'est pas ; puis, au loin, le
cours du Nam-Lon ; puis des plaines et des jongles ; puis le vague de l'espace... Les clartés que
j'ai essayé de décrire ruisselaient sur les flancs
de la montagne, reflétées vers les lieux bas ; le
profil des arbres se découpait d'une manière fantastique ; le feuillage reluisait sur les plans anté-
rieurs ; les taillis, vus à distance, s'affaissaient
dans la pénombre ; la rivière serpentait, miroi-
tante, immobile ; près de nous, les branches balançaient leurs broussins odorants, mille murmures bruissaient, des fleurs enivrantes em-
baumaient l'étendue, la brise du soir nous
apportait en effluves attiédies les voluptueuses
émanations de l'Orient,... et j'avais, près de moi,
un cœur qui battait à l'unisson du mien ; et la
voix de May-ya retentissait, tremblante, à mon
oreille ; et son regard candide s'abaissait sous
l'expression du mien ; et cette femme qui aimait,

cette femme qui m'attirait par ses qualités, par
sa grâce, par son exquise beauté,... tout m'éloignait d'elle : le devoir, nos situations réciproques,
la bonne foi, l'honneur !...

A mi-côte, les porteurs de torche s'arrêtèrent
d'après l'injonction du Laos. Ce dernier avait-il
aperçu dans la plaine un objet de nature à exciter sa défiance, un objet que la préoccupation
dans laquelle j'étais ne m'avait pas permis de
distinguer ? Ou bien n'était-ce qu'un signal ? Je
ne m'en informai pas ; mais, à peine le Laos eut-
il lancé une fusée à flammèches bleues et rouges,
des feux nuancés des mêmes teintes sillonnèrent
le sommet des taillis.

— Marchons, dit-il, nos hommes nous attendent ; ils sont à leur poste.

Ces paroles me rappelèrent à la réalité . . . .

. . . .

Il était près de onze heures quand nous atteignîmes une hutte construite par les traqueurs.
Des éclaireurs avaient été placés sur divers points,
notamment sur la rive du Nam-Lon, à l'effet
d'observer les mouvements des Mutzas.

On alluma un feu de branchage, on prépara le
thé, on laissa les femmes se reposer un instant,
on confia les chevaux à la garde des traqueurs et
on se dirigea vers les taillis.

« Booghuy, » me disait le Laos : « l'axis est
« extrêmement farouche pendant le jour ; la
« nuit, il ne quitte son harpail qu'à la dernière

« extrémité. Comment découvrir cet animal dans
« les profondeurs de la forêt ?... L'expérience nous
« a appris que, chez lui, la curiosité l'emporte
« sur l'instinct de la conservation ; en outre, le
« son d'un instrument peu éclatant, celui d'une
« voix douce, l'attirent irrésistiblement... Les
« Laos, avec leur imagination poétique, et le
« goût des représentations théâtrales y aidant,
« se sont ingéniés à dramatiser cette chasse. Voici
« comment nous nous y prenons habituelle-
« ment :

« On pénètre dans le taillis avec des flambeaux
« et des instruments. A quelques pas de distance,
« un homme, les mains liées derrière le dos, de
« même que s'il marchait au supplice, fredonne
« un chant analogue à la circonstance. Le pa-
« tient — auquel il pourrait arriver malheur si
« on n'y veillait avec soin, — s'avance entre deux
« chasseurs qui tiennent leur dah à plat contre
« la cuisse...

«... L'axis, réveillé par le son des instruments,
« songe d'abord à fuir. La flamme des torches
« l'arrête ; le chant l'attire ; il se glisse sur les
« pas du cortége, il écarte avec ses pieds ou avec
« son bois les branchages du sentier, se plaçant
« si près de la voie que, selon le côté où il se
« trouve, l'un des deux exécuteurs peut lui fendre
« la tête d'un coup de dah... Le plus embarras-
« sant, c'est lorsque plusieurs bêtes se montrent à
« la fois. Celles qui ont la chance d'échapper au

« fatal coutelas répandent l'alarme par leurs
« aboiements plaintifs...

«... Vous comprenez, Boohguy, que l'arme à
« feu soit prohibée pour la chasse de nuit. Vous
« vous doutez, aussi, que May-ya et ses compa-
« gnes remplaceront le patient et se relaieront
« entre elles, sans qu'il soit nécessaire de les
« lier... Mon beau-frère et moi, nous remplirons
« l'office d'assommeurs. Il sera interdit à tous
« autres de frapper la bête, attendu que celle-ci,
« au cas où elle aurait été manquée, pourrait
« s'élancer sur les premiers de la colonne en les
« attaquant par derrière et à l'improviste. Mais,
« consolez-vous, Boohguy, vous prendrez votre
« revanche au jour naissant. Vous tirerez, alors,
« autant que vous voudrez... Veuillez recomman-
« der à Joseph ainsi qu'à Désiré de se conformer
« à ces prescriptions, sans quoi ils nous feraient
« manquer la partie... Nous approchons des pa-
« rages giboyeux ; avec votre permission, j'assi-
« gnerai à chacun son poste... »

On fit halte à l'entrée d'un sentier qui se perdait à travers le taillis.

Si quelqu'un, caché parmi les broussailles, eût
assisté à cette cérémonie sans en connaître le but,
il se fût imaginé qu'il s'agissait de l'un de ces
abominables festins comme les cannibales les
aiment, ou de la célébration de l'un des mys-
tères du culte des Guèbres (adorateurs du feu), ou
bien encore de l'une de ces incantations à l'aide

desquelles les sorciers se plaisent à impressionner leurs dupes, les idolâtres...

Je le répète, la nuit était magnifique. Quoique la lune fût invisible et que les étoiles restassent voilées, partout abondait une lumière diffuse ; l'horizon avait cette blancheur ignée qui tourbillonne à la bouche d'un four ; des jets incandescents plongeaient au fond du clair-obscur de la forêt et rendaient l'ombre transparente; un arôme âpre, subtil, éminemment spasmodique, suintait des bourgeons et des pousses, irritant les fibres ou les sporules nerveuses, dilatant les poumons, activant les artères, suscitant les sens et la pensée...

Des porteurs de flambeaux ouvraient et fermaient la marche. Les premiers escortaient deux musiciens, une flûte et un hautbois. Ces instruments, tout simples qu'ils fussent, n'en étaient pas moins harmoniques... Les jeunes filles suivaient, à vingt pas de distance : May-ya, au milieu d'elles ; le Laos et son beau-frère les encadraient toutes les trois, l'un à gauche, l'autre à droite du sentier. Je marchais dans la trace des pas de May-ya, Joseph et Désiré à mes côtés, Louglé un peu plus loin avec mon escorte... Les bateliers du Tsauboua formaient l'arrière-garde.

Les chanteuses alternaient avec les musiciens. Dès que ceux-ci avaient fini leur morceau, May-ya entonnait un air dont ses compagnes redisaient le refrain après elle. Ces voix fraîches se mariaient fort bien au son des instruments champêtres. Je saisissais par ci, par là, quelques lambeaux de phrase, mais je ne possédais pas assez l'idiome laos pour bien comprendre ce langage chanté, ce rhythme poétique, plein d'abréviations et d'euphémismes, d'intonations à peine articulées et d'aspirations gutturales. Quoique cela, le trouble de May-ya ne pouvait m'échapper. Le frémissement de son organe, son émotion, l'expression du chant m'indiquaient et le sens figuré de ses paroles et le sens vrai qu'elle y attachait. Je croyais entendre des flots de larmes, des soupirs, des regrets sans espoir !... Et les bêtes fauves, attirées par ces notes si touchantes et si perfides, accouraient au-devant des flambeaux qui devaient éclairer leur trépas...

Attendri, frissonnant d'émoi, je suivais machinalement le cortége, prêtant l'oreille à l'écho que ce chant passionné trouvait dans mon âme. Néanmoins une intuition secrète, un sentiment instinctif me laissaient toute la conscience du danger... Je ne songeais pas au péril que je courais moi-même, mais à celui auquel May-ya pouvait être exposée. J'observais tous ses mouvements; si je portais de temps à autre mes regards sur le bord du chemin, c'était pour m'assurer qu'elle n'avait rien à craindre. J'avais eu la précaution de fixer mon couteau de chasse au bout de ma carabine, en guise de baïonnette. Je tenais l'arme appuyée verticalement contre l'épaule droite, la main embrassant la sous-garde et la platine, prêt à me mettre sur la défensive ou même à couvrir May-ya de mon corps si le cas l'exigeait...

Les heures ne se calculent pas toujours de même. Le spectacle était piquant, bizarre, solennel ; il eût offert un vif attrait à tout autre chasseur : eh bien ! je n'y prenais aucun plaisir, il me mécontentait, il me semblait durer depuis un siècle, j'avais hâte qu'il finît... Pour le Laos et son beau-frère, c'était bien différent. Ils avaient pris goût à la besogne et n'y allaient pas de main-morte. Tantôt c'était à l'un, tantôt c'était à l'autre de frapper les pauvres bêtes que leur mauvaise fortune et leur curiosité destinaient à cet holocauste. Un seul coup de dah suffisait ; les sacrificateurs l'asénaient de telle manière qu'ils n'avaient pas à s'y reprendre : la bête tombait sur le sol, la tête pourfendue... Mais la scène va changer d'aspect...

May-yo chantait... Elle ne voyait ni n'entendait plus rien ; elle ne touchait plus à la terre. Sous l'empire du pouvoir mystérieux qui la dominait, elle s'enivrait de ses propres sensations et ses accents ressemblaient à d'ineffables transports...

Nous voici parvenus à une espèce de carrefour étroit, le réduit le plus sombre, le plus épais du taillis, le théâtre des amours furieuses, le champ-clos des luttes terribles, car l'axis est un maître despotique, un rival jaloux et redoutable... A la droite du terrain, une biche infortunée dardait sur nous un œil avide, s'imaginant être assez

bien cachée parce que le feuillage la recouvrait
en partie. Le Laos l'abattit d'un bras exercé...
Aussitôt un mâle gigantesque pousse un aboie-
ment rauque, écarte les branchages, s'élance sur
lui. Le Laos, pris au dépourvu, recule, relève
rapidement son dah et le laisse tomber à deux
mains sur le front rameux de son adversaire. Le
coup, mal assuré, glisse contre le bois et la lame
reste engagée entre l'intersection de l'os du crâne
et les pointes de l'empaumure. Craignant que
l'axis ne le frappât de ses perches pendant qu'il
dégagerait son dah, le Laos se bornait à le forcer
de tenir la tête inclinée. La bête, affolée par la
douleur, aveuglée par le sang qui découlait de sa
blessure, épuisait ses forces en soubresauts, en
élans désespérés... La colonne s'était arrêtée; May-
ya s'était interrompue; son beau-frère, accouru
au secours du Laos, massacrait l'axis qui poussait
des rugissements caverneux à chaque nouvelle
entaille. Ce drame dura bien une demi-minute,
parce que le coutelas du Laos empêchait son
beau-frère de frapper au point convenable. Enfin
l'axis s'affaissa sur le sol.

Cependant, la biche, en expirant, avait poussé
un long soupir et ce soupir avait été entendu!...
Au moment où le Laos arrachait son dah du crâne
de la bête, au moment où le beau-frère frappait
à coups redoublés, au moment où l'attention de
chacun était fixée dans la direction de la lutte, je
distingue, sur la gauche, un bruit sec, crépitant...

Je me retourne ; May-ya pousse un cri d'effroi !...
Avec la rapidité de la foudre, j'abats mon arme
dans la main gauche en croisant la baïonnette, je
m'affermis, je presse les deux détentes simultanément,... et le colosse que ce soupir avait attiré
roule sur l'herbe : mon poignard lui avait ouvert
la gorge, mes deux lingots lui avaient traversé la
poitrine !... Je lâchai vivement mon arme et reçus
May-ya dans mes bras... Elle s'évanouit. On nous
entoura sur-le-champ...

Une des perches de l'axis lui avait effleuré la
cuisse et avait déchiré son tameïn. Joseph, empêché que j'étais par le précieux fardeau, prit dans
mon carnier ma boîte pharmaceutique. Je fis
respirer à May-ya de l'alcali volatil. La jeune
fille recouvra ses sens. En ouvrant les yeux, son
regard rencontra le mien : j'étais payé de mon
dévouement !

May-ya n'avait reçu qu'une éraflure légère.
Confuse, elle s'enveloppa de son voile. Le Laos
voulait qu'on la posât sur un brancard ; elle s'y
refusa et marcha seule, comme auparavant.

La détonation de mes deux coups de carabine
avait répandu la terreur parmi les bêtes fauves
qui peuplaient le taillis. Il eût donc été inutile de
continuer cette chasse ; d'ailleurs le jour s'avançait... Nous retournâmes à la cabane.

Pendant la route, l'aspect du ciel changea.
L'horizon dépouillait ses teintes ambrées ; l'atmosphère s'éclaircissait ; ses vapeurs mates se

résolvaient en perles cristallines, une rosée imperceptible nous pénétrait, et la lune apparut rayonnante...

May-ya était d'une pâleur de marbre. Je lui offris mon bras. C'était, il est vrai, contre les usages du pays, mais la circonstance m'y autorisait. Nous marchâmes ainsi, l'un près de l'autre, pendant quelques instants... Je sentais son bras trembler, et il me semblait que son sein palpitait violemment. Mon bras tremblait aussi, et mon cœur battait avec force...

— Je vous fatigue? me dit-elle bientôt d'une voix faible, en lâchant mon bras.

— Je crois, en effet, qu'il vaut mieux nous déprendre, lui répondis-je sur le même ton.

Nous nous étions compris. . . . .

. . . .

Les éclaireurs, mis en alarme par le bruit des coups de feu, nous rejoignirent en chemin.

A la cabane, on fit encore du thé. Nous en avions tous besoin, après une pareille nuit.

Le jour vint... Malgré la vive opposition que je manifestai à cause de l'accident survenu à May-ya, le Laos voulut à toute force se diriger dans une direction qui nous permît de pourchasser l'axis au fusil.

— Mes deux frères ont seul chassé jusqu'à présent, Boohguy, dit May-ya d'un ton bref; il est juste que vous ayez votre tour... N'ayez crainte, je puis vous suivre...

Je cédai pour éviter une explication.

Des éclaireurs furent envoyés en plus grand nombre le long du Saloucin ; quelques-uns allèrent rabattre de manière à pousser le gibier vers une prairie où nous devions nous embusquer...

Il est inutile de m'étendre sur des incidents de chasse qui n'offriraient aucun intérêt au lecteur.

Nous étions encore en train de tirailler en retournant sur nos pas, quand un éclaireur accourut vers nous.

— On aperçoit des groupes sur l'autre rive du Nam-Lon, dit cet homme.

— C'est bien !... viens avec nous, répondit le Laos sans que son visage trahît la moindre émotion.

Nous chargeâmes nos armes.

J'examinai May-ya... Elle surprit mon regard...

« Qu'est-ce donc que la mort !... Je sais une « chose plus affreuse encore ! » semblait me dire sa noire prunelle.

Je gardai le silence.

Un autre éclaireur survint.

— Les Mutzas font des signaux (1). Ils voudraient parlementer avec vous, dit-il...

— Retourne à ton poste et réponds-leur que nous serons bientôt sur la rive, répliqua le Laos.

____

(1) Les tribus du continent de l'Indo-Chine sont versées, depuis un temps immémorial, dans la connaissance de certains signes télégraphiques qu'elles pratiquent entre elles.

Après nous être arrêtés un instant pour rallier notre monde, nous nous dirigeâmes vers la rivière.

A cet endroit, le Nam-Lon peut bien avoir de trois à quatre cents mètres de large. On distinguait, sur la berge opposée, une cinquantaine de personnes sans armes.

Je pris ma lorgnette et j'examinai attentivement le terrain. L'œil du Laos rencontra le regard expressif que j'adressai à mes gens en refermant ma lorgnette.

— Eh bien? me demanda-t-il.

— Tenez-vous sur vos gardes, lui répondis-je.

— Vous voyez bien que ma sœur aînée n'avait pas tort, reprit-il...

A l'aide de bambous, de branches, de morceaux d'étoffe et de lianes, les deux camps se *raisonnèrent*.

Le chef des Mutzas demandait à passer sur l'autre rive; le Laos lui répondit : « Venez! »

Une barque, montée par une douzaine de rameurs, sortit d'une petite crique située en amont et coupa le courant à la dérive. Un homme, dont aucun indice n'indiquait le rang, se tenait à l'arrière de la barque. C'était le chef des Mutzas.

Sa figure anguleuse exprimait l'astuce, l'audace, unies à une résolution rare. Ses manières ne manquaient ni de distinction, ni de dignité.

Il sauta sur le rivage, vint à nous d'un pas délibéré, s'avança vers le Laos, lui prit les mains, le félicita de son retour, exprima des regrets au

sujet de la mésintelligence qui avait régné entre eux et finit par lui jurer une éternelle amitié : tout cela du ton le plus naturel du monde, avec une aisance parfaite... Ensuite, s'étant approché de moi, il me salua du *shikhôo*, me disant qu'il était enchanté de faire ma connaissance :
« Le bruit de mon passage à la presque île et ce-
« lui de mon séjour au pays des Laos étant par-
« venu jusqu'à lui, il avait voulu me voir... Il
« s'estimerait heureux de me recevoir sur ses do-
« maines, parce que j'appartenais à une nation
« puissante, loyale, généreuse, amie des peuples,
« et que la renommée de notre Yasa — NGNAPO-
« LOON-PHRA, — s'étendait par toute la terre,
« comme la lumière du soleil... Il se prêterait
« donc de grand cœur à ouvrir des relations
« avec les PHRANDGY, après que je me serais
« rendu compte par moi-même des richesses du
« pays des Mutzas. »
Le Laos et moi nous l'écoutâmes jusqu'au bout sans sourciller. Cette froideur, ce silence le décontenancèrent un peu. Il avait mieux espéré de son éloquence. Comme il me parut se préparer à entamer une autre harangue, je l'interrompis brusquement :
— Si vos intentions sont pures, si vos paroles sont sincères, pourquoi nous avoir tendu un piége ? lui dis-je.
— Je suis de bonne foi, Boohguy ! s'écria-t-il.
— Vous mentez !... Combien y a-t-il de bar-

ques cachées dans ce renfoncement du rivage ?

Et du doigt j'indiquais la baie en question.

Il ne répondit pas... Je repris :

— Combien y a-t-il d'hommes embusqués dans ce bosquet de lataniers et de tamariniers ?

Même silence de sa part.

— Et derrière la crête de cette petite éminence ?

Nul doute qu'il n'en fût arrivé déjà à regretter amèrement de s'être mis en nos mains, car il ne trouva pas un mot à répondre, tant sa stupéfaction était grande.

— Tenez, voyez plutôt ! repris-je en lui plaçant moi-même ma lorgnette devant les yeux et en la dirigeant vers les points indiqués.

— Maha (1) ! si j'ai agi ainsi, s'écria-t-il hors de lui, c'était pour mieux vous honorer... Je craignais que la vue de ces gens-là ne vous empêchât de traverser la rivière...

— Vous mentez encore !... Écoutez-moi bien : Les Laos sont mes amis... De loin ou de près, je saurai toujours ce qui se passe dans ce pays... Si vous avez le malheur de tenter quoi que ce soit contre eux, je viendrai vous trouver avec bon nombre des miens,... et voici comment je vous traiterai vous-même...

---

(1) Titre correspondant à celui de *Monseigneur* ou d'*Excellence*.

En même temps, je saisis ma carabine.

Il y a des occasions où l'homme est doué d'une soudaineté de conception et d'une réussite de geste inconcevables.

Un énorme vautour planait au-dessus du fleuve, guettant sa proie parmi les joncées du rivage. Il étalait sa longue envergure en tourbillonnant. Je fis feu ; il poussa un cri, roula, se débattit, tomba dans la rivière et fut englouti par les flots...

— Allez ! repris-je en congédiant de la main et du regard le chef des Mutzas... Maintenant, vous êtes averti !...

Il s'embarqua sans proférer une parole et regagna la rive opposée au milieu des clameurs de quatre à cinq cents des siens que la détonation avait tirés de leurs cachettes....

— Boohguy, vous m'avez obligé précédemment, me dit le Laos... Cette nuit, vous avez préservé ma sœur d'un bien grave péril... A présent, vous venez de mettre pour longtemps ma famille et les miens à l'abri des tentatives de ce misérable... Comment m'acquitter envers vous ?...

— En tenant votre parole ; en partant avec moi dans deux jours... Mon séjour ici ne s'est que trop prolongé !...

Et nos yeux se portèrent involontairement sur May-ya.

— C'est vrai ! répondit-il avec une inflexion de voix concentrée....

Nous reprîmes le chemin de l'habitation.

26

En route, Maya-ya se trouva un instant à côté de moi.

— Croiriez-vous, me dit-elle, que je pressentais ce qui nous est arrivé cette nuit ?... Telle est la cause de l'émotion que j'ai manifestée quand mon frère nous annonça votre projet de chasse...

— Je vous crois, May-ya... Il y a des âmes et des cœurs qui ont le don de prescience... Si je l'avais eu, ce don, je n'aurais point accompagné ici votre frère, et nous n'eussions pas été exposés tous les deux à nous voir....

— Merci ! pour ces bonnes paroles... Mais, comment vous oublierai-je ? Tous, dans ma famille, nous sommes redevables envers vous...

— May-ya ! que cette pensée serve à épurer le sentiment qui nous lie.

— *Hamoueh !* murmura-t-elle avec une indicible tristesse.

Je m'arrête, oppressé par mes souvenirs. . .

. . . .

Nos adieux à la famille du Laos furent touchants... La douleur de père était digne, réservée ; il y avait de la grandeur d'âme... Le frère et la sœur ainée se montrèrent plus sensibles à cette séparation que je ne l'aurais supposé ; ils me prièrent vivement de continuer à m'intéresser au Laos... De la part de la mère, ce fut un désespoir, des regrets, des larmes et des cris à fendre le cœur ; on ne pouvait arracher son fils de ses bras !...

Quant à May-ya, elle restait plongée dans une morne consternation. Le Laos essaya de la consoler en lui promettant de revenir les voir.

— Ah! tu t'abuses, lui dit-elle ; nous ne nous reverrons plus!...

Et elle reportait tour à tour sur son frère et sur moi des yeux navrés... J'emportai son dernier regard ! . . . .

A quelques mois d'intervalle, lorsque j'appris la fin malheureuse du Laos, je me rappelai ces mystérieux indices : les pressentiments de May-ya !.....

* * *

Nous remontâmes pendant trois jours le Salouein.

Quand vint le moment de régler mes comptes avec le patron des barques, cet homme me dit que le Tsauboua lui avait défendu d'exiger de moi aucun paiement.

— Mais il ne vous a pas interdit d'accepter une gratification, lui fis-je observer en lui remettant la somme convenue en principe.

Notre caravane mit un jour à franchir la montagne qui longe la rive droite du fleuve, et un autre pour se rendre à Thein-Ngnye.... Nous nous trouvions déjà dans la région du Teck.

Malgré les pressantes sollicitations du Tsauboua de Thein-Ngnye, qui aurait bien voulu me faire assister à une chasse aux éléphants sauvages, je ne m'arrêtai chez lui que vingt-quatre heures.

Il faut deux journées de marche à travers les jongles et les savanes pour rejoindre le Myt-Ngnye, un des affluents de l'Irraouady. Là, je louai des barques. J'aurais pu arriver en trois jours à Mandalay, mais j'en passsi deux à parcourir Theybôo, localité assez importante, chef-lieu de district... Le gouverneur me fit une réception honorable.

Aux environs de la ville, se trouve un sanctuaire en renom. Le supérieur de cet établissement monastique jouissait, alors, d'une haute considération. J'allai voir ce pôonguy. C'était un vieillard vénérable. Il m'ouvrit avec bonté le sanctuaire, m'en montra les merveilles et me laissa parcourir le Kyoung ou enclos sacré... C'est là que je vis, pour la première fois, le type de la poule primitive. J'en donnerai la description au tome consacré à LA CHASSE AUX GALLINACÉS.

Le lecteur comprendra sans peine la satisfaction que j'éprouvai à me retrouver dans mon domicile après deux mois de pérégrinations. Ma femme était très-inquiète, très-souffrante. Mon retour contribua puissamment à rétablir sa santé.

Nous gardâmes le Laos une semaine avec nous, puis il partit pour Ngnyoungôo; il lui tardait de revoir sa fiancée. Je l'accompagnai au bateau qui devait le ramener près d'elle.

—Ah ! Boohguy, me disait-il en m'embrassant,

les larmes aux yeux : n'est-ce pas dommage que vos mœurs, vos usages et vos coutumes diffèrent tant des nôtres !... Nos femmes ne sont pas exclusives. Elles comprennent l'amour d'une autre manière... May-ya se fût inclinée devant votre épouse... Elle ne vous eût jamais quittés et vous auriez eu en elle, tous les deux, une compagne fidèle, dévouée... Ma sœur est bien à plaindre ! Son existence est empoisonnée pour toujours...

— La sainteté du mariage, lui dis-je, est, tout à la fois, la base sur laquelle repose la famille et la pierre angulaire de la société... Comparez la civilisation des Européens avec l'état retardataire de vos contrées. Eh bien ! c'est à ce principe qu'il faut attribuer en partie notre supériorité.... Enfin, mon ami, vous savez par vous-même que l'accomplissement d'un devoir, quelque pénible qu'il soit, porte avec lui sa récompense....

En entendant ces dernières mots, le Laos soupira. Cinq minutes après, il me faisait de loin un signal d'adieu ; les eaux du grand fleuve emportaient ses paroles !...

EXTRAIT D'UNE EXCURSION

AUX

ENVIRONS DE LA PRESQU'ILE D'ADEN

AUX ENVIRONS DE LA PRESQU'ILE D'ADEN

LA CHASSE AU LYNX, A LA GAZELLE
ET A LA GERBOISE

Lorsque nous eûmes visité Aden, nous entrâmes chez un riche commerçant. C'était un Banian Parsis, à figure avenante, de manières dignes, d'un extérieur imposant. Il portait fort bien son costume luxueux, et passait pour le plus honnête négociant de la ville.

Nous fîmes quelques emplettes.... Le magasin regorgeait de marchandises de valeur. Entre autres objets curieux, on nous montra plusieurs peaux de lion et de tigre, ainsi qu'une multitude de peaux de lynx. Ces dernières, nul ne l'ignore, sont reconnaissables au pinceau de poils longs, soyeux, marron-foncé, d'une nuance chatoyante,

qui garnissent l'extrémité des oreilles. Le **Parsis** nous dit que ces peaux venaient de l'Abyssinie, puis il ajouta ceci, sous forme de commentaire : « Des Somanlis apportèrent, il y a
« un an, une pleine cage de lynxs... La cage se
« brisa par négligence ou par accident, pendant
« le transport du Ras-Marbat à Aden, et les bêtes
« fauves s'enfuirent sur les montagnes de la presqu'île, où on leur donna inutilement la chasse.
« Il est à présumer qu'elles se sont réfugiées au
« Ras-Salil... » Des personnes domiciliées à Aden
nous confirmèrent le fait. . . . .

. . . .

Trois voitures reconduisirent notre société au
Ras-Marbat. Dix heures piquaient à la cloche du
bord lorsque nous présentâmes le *tire-vieille* aux
dames pour remonter sur le pont du steamer LE
GANGE.

Durant le trajet d'Aden au bateau à vapeur,
l'un de nous ramena la conversation sur ces lynxs
qui avaient dû se sauver au Ras-Salil, selon le
dire du Parsis. Plusieurs d'entre nous avaient des
armes à feu. Il fut convenu, si par cas *Le Gange*
ne reprenait la mer ni dans la nuit ni dans la
matinée du lendemain, que nous ferions une partie de chasse.

A six heures du matin, nous étions déjà sur le
tillac. Le steamer n'avait pas bougé, la vigie
n'avait pas signalé le courrier attendu. Alors, le
commandant du bord nous ayant assuré que le

départ ne s'effectuerait pas avant deux heures de l'après-midi, nous nous fîmes servir un thé copieux, flanqué d'une collection de tartines beurrées, nous louâmes une barque munie d'un *tendah* — espèce de tente fort légère, — et nous nous dirigeâmes vers le Ras-Salil.

Il y eut cependant un faible temps d'arrêt auparavant... Le patron de la barque, dès qu'il sut notre intention de nous rendre au Ras-Salil, courut à une maison voisine et en rapporta un filet en forme de poche, monté sur un cerceau, lequel était lui-même emmanché au bout d'une longue perche. L'appareil ressemblait à ceux en usage aux alentours de Paris pour la chasse aux papillons; mais il était plus grand... La vue de cet engin excita notre hilarité; nous nous imaginâmes avoir affaire à un amateur de coléoptères. La suite montrera que nous étions dans l'erreur.

La réunion se montait à six chasseurs et à quatre pêcheurs ou pêcheuses. Notre compagnon, le capitaine marin, avait retrouvé dans un sac de voyage une provision de lignes, hameçons et autres ustensiles de pêche. Il avait su décider trois de nos dames à nous accompagner, armées de leurs ombrelles. Elles comptaient se récréer au bord du rivage pendant notre excusion.

Quatre vigoureux rameurs manœuvraient la barque. Aucun souffle de vent ne se faisait sentir; la mer était unie comme une glace. Nous fûmes donc près d'une heure à traverser la rade.

Afin d'éviter la rencontre des bédouins campés dans la plaine, le patron gouverna sur le milieu d'une anse formée par le cap Salil et la pointe de *l'Oreille*, les deux extrémités d'une chaîne de montagnes qui s'étend le long du rivage, seulement sur une longueur de 2 à 3 milles, en face de Ras-Tarsheïn, de l'autre côté de la rade. Ce chaînon s'appelle le Djebel-Hason.

La plage est tellement sablonneuse, la mer a si peu de profondeur à cet endroit, que les bateliers furent obligés, à cinquante pas du rivage, de se mettre à l'eau jusqu'à la ceinture et de porter les chasseurs sur leurs épaules pour les déposer à terre. Le capitaine et deux rameurs restèrent au bateau avec les dames. Le patron, accompagné des deux autres rameurs, vint avec nous pour nous servir de guide. Il va sans dire qu'il ne se dessaisit pas de son cerceau.

Le fusil en bandoulière, nous gravîmes lestement le Djebel-Hason. Les lynxs, s'ils existaient vraiment, ne devaient pas se tenir sur le versant oriental, beaucoup trop en vue. Des cailles, des perdrix, des tourterelles et des lièvres partaient sous nos pieds, mais nous ne tirâmes pas, nos armes étant chargées à balle; d'ailleurs ce n'était pas à ce gibier que nous en voulions.

L'élévation du Djebel-Hason est peu considérable. Le Ras-Salil et L'Oreille sont les sommets dominants. Le restant de la chaîne forme un amas de monticules sillonnés de profondes coupures où végètent, de loin en loin, quelques mimeuses à miel ou à gomme et quelques arbustes de la famille des térébinthacées... Le Djebel-Hason, sur la côte, et le Djebel-Shamsan, près d'Aden, ne constituaient sans doute, jadis, qu'une même chaîne. Une éruption volcanique les aura détachés en creusant la rade. C'est ainsi que s'est formée la presqu'île.

A travers les ravins dont le versant occidental du Djebel-Hason est entrecoupé, on remarque des traces d'habitations. Ces ruines, éparses çà et là, sont désertes et entourées d'un peu de verdure. On dirait que les tribus du voisinage ont délaissé, d'un commun accord, un terrain qui pouvait engendrer entre elles des collisions sanglantes.

De la crête du Djebel-Hason, on jouit d'un panorama grandiose : la pleine mer, la rade, la rocheuse Aden, les constructions de Ras-Marbat, une plage sablonneuse qui s'étend à perte de vue sans offrir autre chose que des jets de buissons et les douairs arabes ainsi que leurs troupeaux... Enfin, à l'extrême limite d'un horizon immense, certaine bande verdâtre et foncée évoque, pour l'imagination, les oasis fertiles de l'Arabie-Heureuse.

A la descente du versant occidental, nous avançâmes avec circonspection. Le lynx a l'ouïe subtile et la vue perçante ; il sait grimper sur les arbres et s'embusquer derrière les roches pour s'élancer sur sa proie. Nous pensâmes, à diverses reprises, avoir aperçu quelques-uns de ces carnassiers fuir à notre approche : c'étaient simplement des chacals. Ils détalèrent si vite et de si loin qu'il nous fut impossible de les coucher en joue. Une fois, ils disparurent comme s'ils étaient rentrés sous terre. En effet, cette bête fauve vit indistinctement par troupe dans les broussailles, dans les bois et au fond des grottes ou des cavernes.

Nous approchions d'un carré verdoyant; le sol était jonché de débris de murailles; des silos entrecoupaient le sentier; des touffes de froment se mêlaient aux plantes herbacées;... tout à coup une multitude de ces *rats-bipèdes* que l'on nomme vulgairement gerboises se mirent à se sauver à droite et à gauche en sautillant avec agilité. Alors le patron nous régala d'un divertissement inattendu... Grâce à la longueur de la perche au bout de laquelle était fixé son filet, il prit, en moins d'un quart d'heure, une vingtaine de ces petits rongeurs.

Rien de gentil, de délicat comme cet animal, avec ses longues pattes de derrière, sa longue queue à bouquet, son pelage café au lait doré, son ventre aussi blanc que l'hermine, et ses yeux d'un noir miroitant... D'ordinaire, il s'asseoit pour manger; il porte la nourriture à sa bouche de la même façon que l'écureuil, c'est-à-dire avec ses pattes de devant. Ces pattes sont très-courtes, ce qui l'oblige de bondir lorsqu'il veut précipiter sa course. Celles de derrière, sèches et fines, sont

arc-boutées de manière à produire une sorte
d'échappement , une détente brusque et sac-
cadée.

Je me rappelle avoir souvent pris des gerboises
au piége, en Algérie. Elles sont on ne peut plus
farouches. Lorsqu'on les saisit par les pattes de
derrière, elles leur impriment parfois une secousse qui les brise net... Je voulus en apporter
en France. Je garnis de ouate une grande cage
dans laquelle je les avais soigneusement casées.
Eh bien! durant la traversée, elles trouvèrent le
moyen de se tuer contre cette cloison rembour-
rée ; je n'en conservai aucune !... Mais le patron
avait une sacoche, également en filet, où il les
fourrait au fur et à mesure qu'il les prenait.
Elles ne pouvaient ni bouger, ni se faire de mal,
leurs pattes passant au travers des mailles... A ce
qu'il paraîtrait, la gerboise est assez estimée des
gourmets, à Aden. J'en avais mangé lors d'une
expédition à la vallée des Kramis, près du Petit-
Atlas (province d'Oran) ; leur chair m'avait sem-
blé si fade que je n'eus pas envie d'en goûter
cette fois-ci.

Nous étions disposés à rebrousser chemin, sans
même avoir déchargé nos armes, quand je remarquai, sur le gazon d'une ravine, quantité de
crottes, plus oblongues, plus dures, plus noires,
moins grosses que celles des chèvres, et d'une
odeur de musc fortement accusée. Je ne pouvais
m'y méprendre, moi qui ai chassé fréquemment

la gazelle. Je demandai donc un sursis à mes compagnons ; ils me l'accordèrent.

Après avoir réclamé le plus profond silence, j'escaladai sans bruit un petit mamelon, je m'étendis sur le roc et je me mis à sonder du regard les accidents du terrain... A cent pas, je vis une harde de cinq gazelles. Elles étaient côte à côte et broutaient paisiblement au fond d'une gorge. Je fis signe à mes compagnons de venir me rejoindre. Ils se placèrent près de moi, se couchèrent à plat-ventre comme moi, apprêtèrent leurs armes ; ensuite, nous fîmes feu tous ensemble.

Deux gazelles roulèrent sur le gazon : un mâle — le chef de la harde, — dont les cornes annelées, à double courbure, étaient fort belles ; une femelle, encore jeune, qui avait un pelage fauve très-clair. Le restant de la bande s'esquiva.

Le mâle avait été atteint à la naissance de l'épaule par deux balles qui s'étaient logées dans sa poitrine. Il était déjà mort quand nous arrivâmes près de lui... J'étais le seul qui eût une carabine double ; en outre l'orifice des blessures se rapportait exactement au faible calibre de cette arme. Lorsqu'on vida les gazelles, à bord du steamer, on retrouva les projectiles ; il fut démontré que j'avais tué le mâle.

La femelle avait l'abdomen traversé ; elle râlait encore. Comme nous n'avions pas de temps à perdre, on l'acheva sur-le-champ malgré ses brâmements plaintifs, malgré ses larmes, malgré ses regards attendrissants.

Il s'agissait, maintenant, de rallier l'embarcation. Les rameurs chargèrent les gazelles sur un brancard en branchages. Chemin faisant, ceux d'entre nous qui étaient armés de fusils abattirent quelques menus pièces de gibier.

Du haut du Djebel-Hason nous distinguions, au milieu des vapeurs légères qui circonscrivaient l'horizon de la mer, une traînée noirâtre, et la coque d'un navire se dessina peu à peu. Ce devait être le courrier de l'île Maurice. Nous nous hâtâmes donc de franchir la distance qui nous séparait du rivage.

La pêche n'avait guère donné ; l'eau était trop claire dans la baie. Le capitaine, aidé de ses écolières, prit une modeste friture ; après quoi il fit pousser vers la pointe du Ras-Salil, endroit plus rocheux, où les dames ramassèrent une ample provision de coquillages.

Un des hommes de l'embarcation surveillait notre retour. Nous n'attendîmes pas longtemps sur le rivage. La barque vint nous prendre, nous et notre gibier.

Le patron, avec une galanterie dont aucun de nous ne le supposait capable, — c'était un vieux turc à l'air rébarbatif ; — fit cadeau d'une paire de gerboises à chacune de ces dames... Le malin ! il savait bien que le *batchis* (son pourboire) lui revaudrait bien cela...

27.

En rade, nous vîmes l'éclair sillonner l'espace. Quelques secondes après, un coup de canon tiré de la batterie de salut nous annonçait que le courrier de l'île Maurice avait été signalé par la vigie. Nos gens firent force de rames.

A peine étions-nous rentrés à bord du GANGE, LE VECTIS vint mouiller à une encâblure. Il était plus de midi... Je vous laisse à penser si nous déjeunâmes de bon appétit !

Les Anglaises qui se trouvaient à bord avec nous daignèrent complimenter nos dames, en remercîment de leurs coquillages. Elles regrettaient, selon toute probabilité, d'être restées à s'ennuyer majestueusement sur la dunette au lieu d'être allé se récréer à terre. Elles avaient certes le temps, d'Aden à Calcutta, de se tenir enfermées dans leur cabine ou de poser en grande toilette sur l'arrière du steamer.

On me croira sans peine : le *Pursor* — comptable, administrateur, représentant de la Compagnie Péninsulaire-Orientale, le véritable chef à bord, en dehors de la manœuvre, — adressa de sincères félicitations aux chasseurs... Notre chasse devait contribuer à varier le menu et, aussi, à ménager les vivres.

A trois heures, LE GANGE chauffait à toute vapeur pour reprendre la mer.

Quant aux gerboises, les pauvrettes n'en eurent pas pour deux jours !... On les avaient mises dans une jolie volière. Sitôt que quelqu'un s'approchait pour les regarder, elles se précipitaient contre les parois de leur cage avec une frayeur aveugle... On ne pouvait plus leur donner la liberté, nous étions en mer. Elles moururent! . .

.   .   .   .

.   .   .   .

La relation de mon VOYAGE EN BIRMANIE fournira des renseignements très-étendus concernant les divers articles dont MM. les industriels qui voudraient trafiquer avec les escales de la mer des Indes anraient à se préoccuper au double point de vue des importations et des exportations.

TABLE DES MATIÈRES

Le Cheval Birman

Explorations industrielles

LA CHASSE AU CHEVAL SAUVAGE

LA CHASSE AUX FLAMBEAUX

Extrait d'une Excursion aux environs
de la presqu'île d'Aden

www.ingramcontent.com/pod-product-compliance
Lightning Source LLC
LaVergne TN
LVHW051959060726
842528LV00002B/347